社会主义核心价值体系建设

"双百"出版工程

项 目

/ 100 位

新中国成立以来感动中国人物/

苏 宁

王嘉翔／著

★

吉林出版集团 ｜ 吉林文史出版社

前言

每个人的心中都多少有一点英雄情结，都向往英雄、景仰英雄。也正因此，在中华人民共和国建国六十周年之际，由中央十一部委联合组织开展的"100位为新中国成立作出突出贡献的英雄模范人物和100位新中国成立以来感动中国人物"的评选活动中，群众参与投票总数近一亿。这其中的每一张选票，都表达了人们对英雄模范的崇敬之情，寄托着对伟大祖国的美好祝福。

一个民族不能没有英雄，否则这个民族就不会强大。当国家危难之时，懦弱者选择了逃避、妥协甚至投降，英雄们却挺身而出，用热血捍卫民族的尊严，人民的幸福。在创立和建设新中国的伟大历程中，涌现出无数可歌可泣的英雄模范人物。他们之中，有为了民族独立和人民解放而英勇牺牲的革命先烈，有为了党和人民的事业而不懈奋斗的优秀共产党员，有在全民族抗战中顽强奋战、为国捐躯的爱国将士，有英勇杀敌的战斗英雄和革命群众，有积极从事进步活动的著名民主爱国人士和国际友人……他们是民族的脊梁、祖国的骄傲，是激励全体人民团结奋斗的精神力量。

《100位为新中国成立作出突出贡献的英雄模范人物传记》丛书，就像一部星光璀璨的英雄谱，真实、完整地记录了英雄模范人物不平凡的一生，再现了他们非凡的人格魅力和精神世界。"头颅可断腹可剖"的铁血将军杨靖宇，"毫不利己，专门利人"的白求恩，"抗战军人之魂"张自忠，"砍头不要紧"的夏明翰，"俯首甘为孺子牛"的文化斗士鲁迅……一串串闪光的名字，一个个动人的故事，犹如群星闪烁，光耀中华。

如今，战火已熄，硝烟已散，英雄已逝，我们沐浴在和平的幸福之中。在和平年代，人们不会忘记为今日的和平浴血奋战的英雄们，英雄的故事永远不会结束。让我们用英雄的故事唤醒我们心中的激情，为中华民族的伟大复兴而奋斗。

生平简介

苏宁，山西省孝义县（今孝义市）人，1953年出生，1969年2月应征入伍，1973年3月加入中国共产党。历任班长、排长、连长、作训参谋、作训股长、营长、炮兵团参谋长等职，中校军衔。先后受嘉奖5次，提前晋级1次，立三等功1次。

1991年4月21日上午，苏宁所在炮兵团按预定计划成建制连进行手榴弹投掷训练。苏宁负责现场组织指挥。十三连投弹结束后，轮到十二连投弹。突然，意外情况发生了。十二连的一名投弹手由于挥臂过猛，弹体碰撞在堑壕的后沿，手榴弹落在不到一米外的监护员李印权脚下。已经拉火的手榴弹，冒着白烟将在3.5秒内爆炸。在这异常危急的时刻，苏宁没有片刻的考虑，大喊一声："快卧倒！"并一个箭步冲过去，推开战友，俯身抓起冒烟的手榴弹，但手榴弹还未出手就爆炸了。两名战友得救了，苏宁却身负重伤，经抢救无效，于4月29日牺牲，年仅37岁。

1993年2月19日，中华人民共和国中央军事委员会主席江泽民发布命令，授予苏宁"献身国防现代化的模范干部"荣誉称号。

1953-1991
[SUNING]

苏宁

目录 MULU

■献身国防现代化的模范干部（代序） / 001

■军中骄子 / 001

穿便衣的"娃娃兵" / 002
出身于军人家庭，从小立志从戎，不满16岁便走进了军营。与其他新兵不同的是苏宁当兵两个月以后，才脱去便衣换上军装。

"军中之父" / 006
班长在军中被誉为"军中之父"。在班长这个岗位上，苏宁这个"兵头将尾"尽心尽力，得到了磨炼，为他日后成为优秀的军官做好了铺垫。

苏宁与苏东宁 / 011
苏宁刚出生的时候，取名"苏东宁"。在那场史无前例的文化大革命中，他改名为"苏宁"。正是这一字之差，打下了峥嵘岁月的时代烙印，折射出父辈的辉煌。

迟到的约会 / 017
首次约会，女方就迟到了。苏宁像严格要求自己的士兵那样向女方提出了批评："作为军人，你的时间观念可不强啊！"如此看来，这恋爱还能谈下去吗？

请看我家苏宁 / 021

曾几何时，社会风气让人不敢恭维，有人一心"向钱看"，把学雷锋做好事看成是"傻瓜"行为。就是在这样的背景下，武庆华自豪地说："请看我家苏宁！"

冬天里的一把火 / 025

苏宁爱唱《冬天里的一把火》，而他本人就像冬天里的一把火，熊熊燃烧，驱赶了严寒，温暖着战友的心。他就像那燃烧的火焰，照亮了别人，也照亮了自己。

我是一个兵 / 028

"三大纪律八项注意"，是我军的光荣传统。苏宁率先垂范，身体力行，因为他始终牢记："我是一个兵"！

考不住 / 032

苏宁念初中的那几年，恰逢"文革"期间的"停课闹革命"，苏宁的实际文化水平也就是小学程度。然而，结婚以后，大学文化程度的妻子，却总是"考不住"苏宁，不得不对丈夫刮目相看。

最美不过绿军装 / 035

要问军人和老百姓有什么不一样，区别就在于那身绿军装。苏宁认为军装是最美的服装，那是独特的军人之美。因为绿色是生命的颜色，它能为老百姓提供颇具安全感的一片绿荫。

一年一度春节时 / 039

春节是万家团圆的日子，是中国最盛大的传统节日。每逢春节，远在他乡的游子都要赶回家过年，品味阖家团聚的天伦之乐。然而，就在家门口当兵的苏宁，春节却不回家，这是为什么呢？

■历史在这里交汇 / 043

艰苦奋斗之歌 / 044
苏宁当营长的时候，创作了一曲名为《艰苦奋斗之歌》的"营歌"，歌词开头的第一句就是"红萝卜咸菜白萝卜汤"。你想知道这首歌的来历吗？

泾渭分明 / 047
用公款给领导同志订几份报刊，这在很多单位是司空见惯的小事，理所当然。可苏宁却对此说"不"！

坐车与买票 / 050
享有坐"小车"待遇的团参谋长苏宁，却经常与普通干部一样挤"班车"；而对于"蹭"班车不买票的人，他会批评。一次，他与妻子乘坐公共汽车，两人买两张票就是了，可他一下子买了三张票。这是为什么呢？

犒劳教师 / 054
为答谢帮助炮兵团进行"激光测速系统"实弹试验的哈尔滨工业大学的几位老师，苏宁说："你们几位很辛苦，我要犒劳你们。今天，给你们上一道特殊的菜——团菜。"那么，"团菜"是什么菜呢？

"不好意思"与"走后门" / 058
苏宁和妻子终于有了一间属于自己的"安乐窝"。然而，就是这小小的一间房的装修工作却久拖未完，其原因是苏宁"不用心"。可是，当苏宁得知属下赵排长的妈妈因病急需特效新药"护肝片"时，却急如星火，四处奔走，甚至不惜"走后门"，终于搞到了5瓶"护肝片"。

路见不平一声吼 / 062
苏宁眼里容不得沙子，看见有损社会公德的不良行为，他就要管，不分"分内"与"分外"。"路见不平一声吼"，挺身而出，这是他的一贯作风。

军人是不会打光棍的 / 065

军人的特殊职业，使得婚姻面临着严峻考验。李排长的婚姻"触礁"，情绪低落。作为上司的苏宁，竭尽全力予以补救，还是回天无力。苏宁劝说沮丧的李排长："人生总有不顺的时候，要在困境中奋起……"

少年军校 / 069

苏宁经常思考这样的问题："21世纪，谁来保卫我们的祖国？"这是个具有前瞻性的问题，那些在"蜜罐"中长大的"小皇帝"们，能担负起未来对外反侵略的历史使命吗？苏宁把思考变成了行动——创办少年军校。

男人的一半是女人 / 073

有道是："男人的一半是女人。"而对于军人来说，"那一半"更显得举足轻重。因为，"她"关系到军心的稳定，关系到战斗力的强弱。为了更好地发挥"那一半"的作用，苏宁匠心独具地"让那一半也参加管理"。

全军最老的少校 / 076

中国军队已经告别了"小米加步枪"的时代，"土八路"难以打胜未来的高科技战争。唯有不断地学习，用现代知识武装头脑，才能成为"文武双全"的军人。为此，苏宁高瞻远瞩地走进了军事学院的课堂。

■跨世纪军人 / 081

兵之梦 / 082

苏宁在他写的论文《2000年炮兵战术发展预测》中推测，从20世纪90年代到21世纪，炮兵将进入一个新的发展时期，武器装备将发生质的飞跃，并且给传统的炮兵战术以巨大的冲击，炮兵在未来火力战中将成为地面战场上的主角。

时刻想着上战场 / 086

苏宁练兵不搞"花架子",因为他知道,"花拳绣腿"是
上不了战场的。练为战,不要"练为看"。钢铁撞击的浴
火战场,才是检验战斗力的唯一"试金石"。

攻关 / 090

苏宁想军队之所想,急军队建设之所急,不等不靠不伸
手向上级要,而是自力更生改进武器装备,攻克了一个
又一个有利于军队建设的"堡垒"。由于他善于发明创
造,被誉为"小发明家"。

■海湾战争的启示 / 097

海湾战争打响了 / 098

打靶场上,导弹拖着长长的火舌飞向指定的目标。突
然,"轰隆"一声巨响,如同天崩地动一般,一股蘑菇云
从靶场附近的山洼里升起。原来是苏宁指挥一些人在
燃放炸药。苏宁为什么要这样干? 他是以此来检验部
队的"抗干扰"能力。

从实战出发 / 101

作为军队派出的军事专家,苏宁应邀参加了一个关系
到军队现代化建设的"激光警戒干扰系统"鉴定会。专
家学者对这个系统的好评如潮,苏宁却从实战出发,提
出了独到的见解。他严谨的科学态度,令与会者赞叹不
已。

激光测速 / 105

用激光测试炮弹的初速,这是令科研单位都束手无策
的难题。可苏宁却向它发起了挑战,因陋就简地搞起
"激光测速系统"实验,他决心为国争气,为军队争
光。

忘年之交 / 109

哈尔滨科技大学的副教授曾杰与苏宁是无话不谈的忘年交。一次，就"共产党内为什么会产生腐败现象"这一关系到共产党生死存亡的严峻话题，两个人进行了一次对话。

中国的月亮也圆 / 112

当"出国潮"袭来的时候，苏宁不为所动。在他看来，中国的月亮和外国的月亮一样圆，他对劝他出国的人说："作为中国人，要爱自己的祖国，爱国才能立国，立国需要保国，军人就是祖国的保卫者，这是神圣的使命。"

扑向炸点 / 115

每个人留给社会最有价值的遗产，应该是问心无愧的告别。正是怀着这样的信念，苏宁义无反顾地扑向即将爆炸的手榴弹。

不死的心 / 120

苏宁身负重伤，处于"脑死亡"状态。但是，他的心脏却依然在顽强地跳动。那么，是什么力量支撑着这颗火热的心在脑死亡以后，又跳动了九天八夜呢？

■后记　苏宁是不眠之夜的长明灯，是闪亮在天际的启明星 / 125

献身国防现代化的模范干部（代序）

20 年前，当世界军事发展初露信息化端倪时，苏宁在日记里这样写道："当你看到外军指挥系统一秒钟处理几万个数据，指挥战争效率成倍增长，而我军指挥员们还用铅笔在地图上点点时，作为一个中国军人，你不着急吗？当你看到外军炮兵采用一个不同方法，就能用 100 发炮弹打出 200 发的效果时，作为炮兵指挥员能不奋发进取吗？"

这段话，曾深深震撼了原中国记协主席邵华泽的心，他手书的这些饱含忧患的文字，如今被镌刻在苏宁纪念馆的墙壁上。两个巨大的问号，像警钟在中国军人耳边敲响。

22 年军旅生涯，苏宁想现代化、钻现代化、干现代化，一直走在时代前面。"我们不是享受的一代，而是奋斗的一代。"苏宁这句话里蕴含的忧患，应该刻在当代每个军人心里。

在领导岗位上，苏宁身先士卒，勤奋工作，带领部队苦练军事技术，掌握过硬本领。他目光紧盯着世界军事科学的发展进步。在做好本职工作的同时，他潜心钻研军事理论，挤时间撰写了 70 多篇学术论文，其中有的理论观点受到专家高度评价。

苏宁十分重视现代战争的研究和思考。在 1981 年他就大胆提出把计算机引入决策系统。他只有初中文化，攀登军队现代化建设的高峰，难度之大，可以想象。可他用蚂蚁啃骨头的拼劲去攻克难关。他的兜里总是揣满小纸片，有了新的想法就及时捕捉住。他寝室的床上、桌子上常常摊满各种书籍。来了客人找个座位都不容易。他跑大学，去研究所，和专家广泛联系，学习计算机语言。经过两年多的顽强拼搏，终于完成了包括几千个数据、上万个计算公式、共两万余字的《摩步师攻防作战计算机决策系统》的总体设计方案。

苏宁这个用忠诚和奋斗、用鲜血和生命实践了一个共产党员真正价值的团参谋长，在他为抢救战友英勇献身之后，带给人们的不仅是悲痛，还有深思和希望！

英雄壮举发生在一刹那，激励和鼓舞苏宁走向人生之巅的动力，是一个革命后代、共产党员的坚定信念。

正是他对祖国和人民的拳拳之心，也正是他对党和军队的忠贞不渝，在严峻的生与死的选择面前，他实现了自己的诺言。

一个平凡而伟大的生命，在走过 37 个金色年轮，度完 22 年军旅生涯之后，在瞬间的英雄壮举中画上了句号。

37 年，在历史的长河中是短暂的瞬间。

然而，瞬间同样能够浓缩永恒。

苏宁用 3.5 秒浓缩了他 37 年的人生，在松花江畔的黑土地上树立起一座丰碑！

军中骄子

穿便衣的"娃娃兵"

★★★★★

1953 年 12 月 7 日，在钟山脚下的中国人民解放军南京军事学院的医院里，一个男婴呱呱坠地，他就是苏宁，未来的炮兵团参谋长，感动国人的当代英雄。

苏宁的爸爸叫苏醒，是南京军事学院政治系第一期第一班的学员。入学前，他是中国人民解放军第三军骑兵团的政委，堪称老革命。苏宁的妈妈叫冯敬轩，也是军人，时任中国人民解放军第三军后勤部审计室的审计员，当时，在军事学院学习的军官可以带配偶，于是，冯静轩就随苏醒来到了南京，进入南京会计学校学习。苏宁则是苏醒和冯敬轩在南京学习期间的爱情结晶。

一个人的成长离不开他生活的社会环境和家庭条件。人们常说，家庭是孩子成长的第一课堂，父母则是孩子启蒙教育的第一位老师。

那么，苏醒和冯敬轩两位老军人、老布尔什维克给予子女的教育和影响，无疑对苏宁的健康成长起到了不可低估的潜移默化的作用，使他骨子里铸就了军人情结，从小就立志像爸爸妈妈一样当一名军人，献身国防事业。

毫无疑问，军人家庭的陶冶为苏宁的爱军尚武播撒了萌发的种子。

1969年新年刚过，我国的北部边疆珍宝岛地区形势骤然紧张起来，对峙的两国军队剑拔弩张，军事摩擦不时发生，战争有一触即发之势。整个东北地区都笼罩在战争气氛之中。

这期间，苏宁是哈尔滨师范大学附中三年级的学生，还差几个月就初中毕业了。可是，他却坐不住了，"国家兴亡，匹夫有责"，这是爸妈经常对他讲的一句话。当年，爸爸妈妈就是为了挽救中华民族不被日本侵略者灭亡而投笔从戎的。那么现在，我们可爱的祖国面临战争的威胁，每个热血青年都应该挺身而出，拿起刀枪，保卫祖国的安全。

苏宁想当兵，可是，他不够当兵的年龄。

苏宁恳求爸爸出面帮忙，可爸爸却劝他："你还小，等你到了当兵的年龄再说吧。"

"年龄不到，我也要当兵。"在苏宁看来，战争年代的那些小红军、小八路，他们当时的年纪还没有自己大呢！

然而，不是你想当兵就能当上的，尽管你有一腔报国的激情。

正当苏宁焦躁不安的时候，他爸爸的老上级、时任某军政治委员的傅奎清同志知道了这件事，他赞赏苏宁小小年纪有志气，对苏宁的妈妈冯敬轩说："宁宁是个好孩子，我要他了。"

傅政委说到做到，没过几天，苏宁就走进了傅政委所管辖的驻齐齐哈尔某师炮兵团。

苏宁记住了这一天：1969年2月27日。

这一天，算是苏宁正式入伍的日子。

当时，苏宁的个子不高，团里一时没有小号的军装，需要向上级特别打报告请领。于是，苏宁依旧穿着他的那身黑棉衣，和那些穿着崭新绿军装的其他新兵形成鲜明反差，有人开玩笑说他是"土八路"！

管他是"土八路"还是"洋八路"，能当上兵就行。苏宁终于实现了自己的夙愿。

苏宁当时的年龄，如果按照周岁计算，他刚满15岁零两个月，属于未成年人。加之他长得白嫩，一副娃娃脸，所以，人们戏称他为"娃娃兵"。

虽然穿上了军装，正式成为人民军队的一员，不过，苏宁仍有几分不满足，他本想加入驻守在珍宝岛地区的一线部队，随着冲锋号在战场上打冲锋，奋勇杀敌，用热血和生命来保卫祖国的神圣领土不被侵犯。然而，他却来到了远离珍宝岛的大城市，在这里，就连珍宝岛响起的炮声都听不见。

"遗憾！真遗憾！"苏宁这样想着。

果然，苏宁入伍后的第四天，即1969年3月2日，震惊世界的珍宝岛战斗打响了。

"假如我在珍宝岛前线……"苏宁这样假设。可以相信，如果此时苏宁真的是珍宝岛前线的一名战士，他一定会奋不顾身地冲锋陷阵，哪怕是流血牺牲，也决不会后退一步，他会用自己的胸膛为祖国铸就一块屏障。

可现实是，他仍然是一名穿着便衣的新兵。

两个月以后，新军装终于发下来了。当苏宁脱去便衣，换上新军装的时候，激动得热泪盈眶。他走到镜子前，一遍又一遍地端详着自己，一颗红星头上戴，红色的领章挂两边——这个乳臭未干的小战士就是我苏宁吗？

是的，这就是炮兵团的新战士苏宁，未来作出惊天动地伟业的跨世纪军人。

新兵集中训练结束了。榴弹炮营分来了三个新战士，其中就有苏宁。他们三人分属该营的三个连，苏宁被分到二连。

三名新战士的到来，给该营官兵增加了一个话题，因为他们三人都是干部子弟，而且，还有两位是高干子弟。这两人当中就有苏宁。

人们拭目以待，关注着这三位新战士的表现。

三位新战士在众目睽睽之下，开始了他们在战斗连队的生活。

苏宁暗下决心，不能给父辈丢脸，不能辱没军人的光荣称号。一想到自己当兵很不容易，他就越发珍惜部队的生活，他要用自己出色的表现向世人证明：像他这样的干部子弟，绝不是孬种！

当时，部队里提倡学习马列主义、毛泽东思想，鼓励官兵用马列主义、毛泽东思想来指导自己的言行，并且号召官兵"灵魂深处爆发革命"、自觉改造世界观。连队的政治学习空气很浓，经常有学习毛主席著作的经验交流会、典型人物的先进事迹报告会、"斗私批修座谈会"等等。这些在现在看来有些形式主义的做法，在当时对于促进苏宁的理论学习和世界观的形成，都起到了良好的作用。

→ "军中之父"

★★★★★

1970年9月，苏宁被任命为榴弹炮营二连侦察班的班长。

侦察班一向被誉为"秀才班"，该班的战士一般说来文化水平较高，聪明机警，灵活干练。因而，侦察班的班长就是"尖子中的尖子"了。

但是，班长不算干部，在军队的流行说法是"兵头将尾"。在士兵当中，他是头头，在干部堆里找不到他。可是，班长的工作很累、很繁杂，好多事情是干部一布置，就要靠班长领头去落实，工作干不好，先挨批评的自然是班长。

班长的工作很辛苦，可在苏宁当班长的那个年代，没有额外的辛苦费，每月的津贴费和普通战士是一样的。然而，班长付出的心血要超过普通战士几倍。所以，古今中外，班长的作用一直受到重视。有人说他是"军中之父"，也有人说他是"军中之母"。就是说，他既是军中之父，又是军中之母。当班长的要有父母之心，负起父母一样的责任。

一次，全团进行侦察兵比武。苏宁凭借自己当过计算兵打下的深厚功底，满怀信心地带着全班上阵了。可是，比武的结果一公布，苏宁傻眼了，他的班集体成绩名落孙山。

原因再简单不过了，班里的战士武艺不精。

苏宁很窝火，他历次参加比武的个人成绩都不错，想不到当了班长之后却在众人面前出了丑。

蔡连长看出了苏宁的心思，找他谈心，开导说："你当计算兵时是尖子，那是你一个人的功夫过硬。但现在你的位置不同了，你是班长，不仅自己的军事技术要继续提高，还有责任带动和领导全班，使全班同志的军事技术都赶上来。要记住：一花独秀不是春，万紫千红春满园。"

苏宁从连长的教诲中受到启发，光是班长一个人技术过硬不行，因为未来战场上不是班长一个人冲锋陷阵，要靠群体的力量战胜敌人。班长能够把全班的军事训练成绩抓上去，那才是真本事。

苏宁分头找班里的战士谈心，鼓励大家放下包袱，轻装前进，克服轻视军事训练的模糊认识，从战备的高度和对祖国的使命感来端正训练思想，努力提高军事技术。那些天，在宿舍里、在操场上，都能看到苏宁和战友们促膝谈心、切磋技艺的身影，那神态真像是满腔热情的大哥哥。实际上，苏宁的年纪比班上所有的战士都要小，但他的成熟和老练，又堪当哥哥。

苏宁还想出一个办法，全班战士业余时间每人每天做一题。他用牛皮纸做成书本大小的纸袋，全班每人一个，写上姓名，将这些纸袋用订书器订在一张大白纸上，类似于收发室里的信袋一样，再贴在墙上，用来存放每个人做的习题。

每天晚上，苏宁翻书、查笔记、找资料，根据本班战士的不同情况，出不同类型的题，写在纸条上，分别交给本班战士。第二天，战士们把做完的习题交给苏宁，由他认真批改，当面指出答案的优劣。如果战士答得不对，他就不厌其烦地讲解，直到弄懂弄通为止。然后，将做过的试题放进各自的纸袋中。

日积月累，每个战士的纸袋都由瘪到鼓，以至于后来都装不下了。功夫不负有心人，全班战士的军事技术也像鼓满的纸袋一样，充实了，丰满了。

这个好办法，很快得到营、团领导的肯定，认为值得推广。于是，团里在苏宁所在连召开了"小型练兵'每日一题'现场会"，向全团推广了苏宁班的做法，对全团的军事训练起到了推动作用。

第二年，侦察兵比武，苏宁班荣获全团第一名。苏宁欣慰地笑了，他尝到了辛勤耕耘后丰收的喜悦。

春去秋来，苏宁当班长的经验越来越丰富了，他用自己的真诚赢得了全班战友的尊敬与信赖，他们结成了深厚的友谊。

一天，夜幕降临了。营房里一片灯光几乎和天上的星光连接到一起，天上人间，交相辉映。

雪花轻轻地飘落下来，笼罩在二连的队列里，全连官兵的帽子上衣服上白花花一片。

连长蔡福贵站在队列前，正在点名。他手拿花名册，一个一个地叫着战士们的名字，叫到谁，谁就响亮地喊一声："到！"

"苏宁！"

没有回声，蔡连长一怔，朝队列扫了一眼，抬高了声音又叫："苏宁！"

还是没有回应。蔡连长不由得皱一下眉头，继续点名。很快，全点完了，只缺两个人，一个是班长苏宁，另一个是苏宁班的战士侯强。

有人告诉连长，说侯强站岗去了。至于苏宁干什么去了，谁也不知道。

蔡连长很生气，作为班长的苏宁，竟然私自外出不请假，简直是无组织无纪律。当着全连的面，他毫不客气地批评了苏宁。

队伍解散后，蔡连长回到连部，怒气未消，他一边抽烟一边踱步，令他感到奇怪的是，苏宁一向很守纪律，这次是怎么了？

"报告！"门外响起一个战士的喊声。

"进来！"

推门进来的是战士侯强，他向连长敬过礼后直截了当地说："连长，你批评我们班长批评错了……"

蔡连长一怔："我错了？错在哪里？"

"连长，我今天身体不舒服，头昏脑涨，刚要去站岗，班长把我拦住了，他替我去站岗，让我躺在床上休息。班里的其他人不知道这事，点名回来听他们一说，我心里很难受，怪我开始没有告诉连里。要批评，你就批评我吧。班长是无辜的……"

　　蔡连长这才知道委屈了苏宁，心里很后悔，不该事情没搞清楚就在全连面前批评苏宁。

　　苏宁下岗后，蔡连长把他叫到连部，诚恳地向苏宁作了检讨。苏宁却憨厚一笑："连长，你批评得对！我替小侯站岗，一没向连里说明，二没告诉班里其他同志，我是有缺点的。不管怎么说，点名的时候我不在场，是应该受批评的。"

　　蔡连长只觉得鼻子一酸，眼睛发涩，一股热流涌遍全身。面对这样的战士，他还能说什么呢！

　　事后，苏宁在班务会上作了检讨，他说："连长严格要求我是对的，他的批评没有错！"

　　透过这件事，我们不难看出，苏宁严以律己，宽以待人，他的心胸像大海一样宽阔。

　　苏宁一共当了两年班长，在"兵头将尾"的位置上做了大量的工作，经受了锻炼，积累了才干，也学会了带兵的方法。这对于他后来走上领导岗位，无疑是难得的"见习阶段"。从这个意义上说，班长确实是军官不可或缺的"垫脚石"。

　　1971年2月，苏宁被"纳新"了。站在鲜红的党旗下，他庄重地举起了右手，庄严地向党宣誓：我志愿加入中国共产党，拥护党的纲领，遵守党的章程，履行党员义务，执行党的决议，严守党的纪律，保守党的机密，对党忠诚，积极工作，为共产主义奋斗终生，

→ 苏宁与苏东宁

★★★★★

今晚的月色真美啊！皎洁的半轮弯月，把柔和清澈的光辉洒向人间。空气中浸满了露水，变得湿润柔绵，轻抚着树梢。炮场上整齐排列的大炮的炮筒上通通蒙上一层洁白朦胧的轻纱薄绡，显得飘渺神秘而安详。

连部俱乐部里，有的人在看报，有的人在吹口琴、弹吉他，还有的人在打扑克、下象棋。在靠墙的一张桌子上，一个小战士正和苏宁下军旗，司务长张福民当裁判，四面还围着一群兵，不时地起哄、助威。

小战士神态严峻，俨然一个元帅，调兵遣将，指挥他的大兵团杀向"苏军"。苏宁则嘴角含笑，满不在乎的样子，指挥他的将士们时而进攻，时而后退，冲冲停停，纵横驰骋。

尽管小战士使出浑身解数，还是连连吃败

仗，他想用军长去吃苏宁的师长，结果却撞在苏宁的司令上，一个集团军全部壮烈牺牲；他想用手榴弹去炸苏宁的司令，没成想让苏宁用手榴弹给引爆了。眼瞅着他的将士一个个英勇捐躯，急得头上冒汗，只好收拢残兵败将来保卫军旗。可他还没来得及喘息一下，"苏军"已长驱直入，大兵压境，杀开一条血路，扛走了对方的军旗。

小战士服了："连长，你太能耐了，玩不过你。"

苏宁笑了，略显神秘地问："你知道你咋输的吗?"

小战士："水平太洼。"

苏宁摇摇头："不是水平洼，是你太麻痹。你回身看看后面……"

小战士回身一看，他背后正对着一面大镜子，他的"阵地"上摆放的棋子全都映在了镜子里，苏宁面对镜子，一览无余。因此，他无需动脑，就把对方杀个落花流水。

大家这才发现了秘密，怪不得连长每次玩军棋都坐在这个位置上，敢情是大镜子给他当"密探"啊。

"连长耍赖!"战士们七嘴八舌地嚷起来，苏宁嘻嘻哈哈一笑，默认了。官兵沉浸在融洽、欢愉的气氛里。

张福民感慨地说："连长，你的脑袋太聪明了，赶上林彪了。"

苏宁笑着摆手："这个比喻不恰当，林彪是野心家、阴谋家，我不学他!"

张福民点头，也笑了："这个比喻是不恰当。连长，我看就叫你小列宁吧! 你的名字和列宁一样，都有个'宁'字，对，就叫你小列宁!"

苏宁又笑了："我的脑袋要是能赶上列宁的一半，也就不是我苏宁了。"

张福民好像发现了什么秘密，沉思着说："连长，听说你爸爸妈妈都是知识分子，咋就不会起名呢？你爸爸叫苏醒，你叫苏宁，这不成了平辈吗？不好，感觉是没大没小……"

"是啊！这不差了辈分吗？"战士们迎合着。在我们传统的民俗里，父辈的名字与儿子辈的名字要有差别，父辈的名字如果是两个字，那么儿子辈的名字就应该是三个字。当然，这不是绝对的。不过，常规上确实如此。

苏宁一顿一字地说："告诉你们，我的名字原来确实是三个字，后来改成了两个字……"

"后改的？那么，你原来的名字叫什么？"战士们好奇地追问。

"我原来的名字叫苏东宁！"

"苏东宁……"战士们重复着这三个字，掂量它的分量，"那你为啥要改名呢？"

"这要从无产阶级文化大革命说起……"苏宁陷入沉思，追忆着那难忘的峥嵘岁月。

苏宁有个哥哥，苏醒在祁连山剿匪时，冯敬轩把他生在甘肃省的张掖。因为张掖在祁连山脚下，而祁连山又是我国西部的山脉，所以，苏醒给苏宁的哥哥起名叫苏西峰。

苏宁生在南京，南京简称宁，和祁连山相比，南京属于东部地区。于是，苏醒给刚刚诞生的二儿子起名叫苏东宁。

一个西峰，一个东宁，对仗工整，含义深刻，说明起名的人还是很有学问的，是动了一番脑筋的。

1966 年爆发的文化大革命，像一股怒涛，席卷了中国大地。破"四旧"、立"四新"，同所谓的传统的东西决裂，很多沿袭很久的地名和店铺的名字被打成"四旧"而改名了，改成颇具革命色彩的新名字，诸如：北京的东交民巷改成了"反帝路"；"狗不理包子"改成了"红旗包子"，等等。而那些热血沸腾的造反派们，更是掀起了一股改自己名字的热潮，把原来的李富贵、张铁锁、王桂芝、刘秀芬……改成了李要武、张造反、王反修、刘斗私……好像名字越革命，人就越革命一样。

苏宁的哥哥苏西峰对自己的名字不满意了。当时的响亮口号是"东风压倒西风"，东风代表无产阶级革命阵营，西风代表帝、修、反。虽然苏西峰是西边的山峰，但是，西峰的谐音是西风，听起来难听，必须要改。所以，苏西峰就把西字去掉了，改名为苏峰。还别说，这样一改，苏峰这个名字更豁亮了。

苏宁对自己的名字倒不反感，东部安宁，说明社会主义阵营安宁团结，意义是积极向上的。但苏宁的父母考虑到两个儿子的名字最好能统一起来，便让苏东宁也把中间的字去掉，正式改名为苏宁。

"原来如此啊！"大家这才明白了其中的原委。

"不过，我还有一点不明白，你哥哥叫苏峰，你叫苏宁，可你的弟弟叫任刚，妹妹叫任红，你们家的姓怎么也乱套了？"张福民不解地问。

苏宁再次笑了："其实，我家不姓苏，而姓任……"

"啊？你姓任……"这太出乎大家的意料了，做梦也不会想到苏宁连长居然姓任！

"事情是这样的……"苏宁不得不再次做一番解释。

苏醒原名叫任克良，1937年参加八路军，在山西的孝义县城外围同日伪军开展游击战。他的父母和亲人仍然住在孝义县城里，当时，住在孝义县城里的许多八路军官兵的家属遭到敌人的迫害，有的甚至被杀。因为苏醒刚刚参加八路军，他的父亲任思敏、母亲苏其芳尚未暴露身份。为了掩护城里的亲人，任克良改名为苏醒。从那以后，苏宁的爸爸就一直使用"苏醒"这个名字，很少有人知道他原来姓任。

"是这样啊！"大家默默点头。

张福民又提出一点疑问："连长，你们兄妹四人的姓还是不统一啊！两个姓苏，两个姓任，还是有点乱……"

"我和哥哥随奶奶姓苏，弟弟和妹妹随爷爷姓任，平均分配，只能如此了。"停顿一下，苏宁问大家，"你们谁能猜出爸爸当时为什么给我起名苏东宁吗？"

"你不是说南京在祁连山的东面嘛！"和苏宁下军棋的小战士抢先说。

"这是原因之一，还有一个原因，是为了纪念列宁。爸爸非常崇拜列宁，为了纪念这个伟大的导师，爸爸让我叫苏东宁。我很庆幸，虽然改名了，但宁字没丢掉，纪念列宁的寓意还在里头。否则，可就留下遗憾了……"

"连长，看来你们家改名字是有传统的，代代相传啊！"张福民说了一句玩笑。

大家被逗笑了，苏宁也笑了。他心里在想，岂止是继承了父辈改名字的传统，更要继承爸爸那一代人开创的艰苦奋斗，忠于党、忠于人民、全心全意为人民服务的光荣传统，这才是受用不尽的无价之宝啊！

熄灯号快要吹响了。苏宁和战友们走出了俱乐部。

夜，挟着凉爽的微风，拂过哗哗作响的柞树林，也吹拂着苏宁那发热的身躯。他抬头望望夜空，晶莹的星星在无边无际的天宇上闪烁着动人的光辉，蝈蝈、蟋蟀和没有睡觉的青蛙在欢快地吟唱，分外给人一种惬意的感觉。

多美的夜啊！

→ 迟到的约会

★★★★★

夏天的一个傍晚。夕阳沉下去了，带走了树梢上的最后一抹余晖，晚霞像火焰般燃烧着，烧红了西边的半个天空。

在黑龙江大学的门口，站着一位穿白衬衣绿军裤的年轻人，他文质彬彬，书生气十足，很像该校的学生。但是，他胸前没有校徽。他是苏宁，驻哈尔滨某部指挥连的连长。今天，他来这里是要见一个人，别人介绍给他的一个女青年——武庆华。黑龙江大学的门口是他们约会的地点。

武庆华也是军人，是大连军医学院的学员，已经学满了两年，眼下在哈尔滨的 211 医院实习。她生于 1956 年，年方 23 岁。

武庆华也出生在军人家庭，她的父亲武守端是个身经百战的老八路，时任黑龙江省军区副政委。

武守端为官清廉，为人正派，立党为公，严以律己，形成了良好的家风，如同细雨滋润着武庆华的心田。

两个军人之间的约会为啥不安排在军营里而是选在大学的门口？大概是出于这样的考虑：一是双方都不想过早地把谈恋爱的事公布于众，如果在军营里约会难免被战友们发现；二是黑龙江大学位于苏宁的军营与武庆华的医院之间，属于"中间地带"。男女之间的地位是平等的，那么，首次约会的地理位置也应该是不偏不倚的折中位置。而且，大学校园里的年轻人成双成对地出出入入，不容易引起别人的注意。可见，苏宁与武庆华的这次约会是颇费了一番苦心的。

18点半到了，这是约定的会面时间。可武庆华还没有到，苏宁皱起眉头，向远方张望。

街上，人来人往，车水马龙。但是，不见武庆华的身影。苏宁只好在门口踱步等待。

大约过了10分钟，视线中出现了武庆华的身影。她穿着白色的衬衣和制式的绿色军裙，这是那个时代军中女孩的标准服装。她脚步匆匆，大概知道自己来晚了，想快点到达约会的地点。

苏宁见武庆华走过来，不由得心里一阵发慌，血液循环加快，下意识地整理一下军容风纪。其实，他没有穿军上衣，用不着扣风纪扣。但是，他养成习惯了，几乎是以立正的姿势迎接翩翩而来的武庆华。

武庆华的脸上飞满了红晕，她也搞不清楚自己是怎样走到苏宁面前的。

四目相对，只有微笑，谁也不知道第一句话该说什么。

到底是男子汉有勇气，苏宁先开口了。不过，苏宁的第一句话差点把武庆华给气跑了。

苏宁抬起腕子，指着手表说："你是军人，时间观念可不强啊……"

武庆华一听就不高兴了，心想：你不过就是个小连长呗，有什么了不起的？我又不是你连里的兵，干吗初次见面就训人？何况，我也是按点来的，如果不是中间发生了一点故障，我也会准时赶到的。

武庆华感到委屈，泪水盈满眼眶。

武庆华是掐着钟点走出 211 医院大门的，不用特别快的速度，就按平时饭后散步的速度走来，也会在 6 点半以前到达。谁知刚刚跨出医院大门，就碰见本院的一位同事，那人有事和武庆华谈，两人就站在马路边的人行道上聊了起来。武庆华此时哪有心思听她说话，想快点走开，可那人是个话匣子，一经打开就没完没了，弄得武庆华走不脱，急得她直皱眉头。最后，还是武庆华巧妙地说了个别的理由才得以脱身。可是，时间耽误了，她不能再用散步的速度，而是紧跑了几步，还是迟到了。

还用得着解释吗？武庆华是个性格倔强的女性，她什么也没说，只是心里增加了一份担心：这人看来脾气暴躁，第一次见面就训人，将来如果长期生活在一起还不得天天吵架啊！她想一走了之，把苏宁晾在那里。但转念一想，自己毕竟是军人，毕竟是来晚了，不管什么理由吧，军人就是要准时。爸爸就经常讲：
"对于军人来说，时间就是生命，时间就是胜利！"这样一想，她的
委屈没了，另一个念头从心底升起：想不到这个书生连长还有点军
人素质，那就谈谈看吧。

　　武庆华和苏宁今天能走到一起，也是别人给牵的线。介绍人开
始把苏宁介绍给她时，她摇头，推说自己年纪还小，暂时不想谈恋
爱。可在心里，她想的却是另外一回事：苏宁是连长，在她的想象里，
连长嘛无非是膀大腰圆，风风火火，声若洪钟，冷若冰雪，离文化
人相差甚远，能懂得什么叫爱情？再说，苏宁是高干子弟，会不会是
纨绔子弟？介绍人说的苏宁的情况和她的择偶标准正好相悖，所以，
她开始时是摇头的。

　　介绍人把武庆华的情况介绍给苏宁时，他却很满意。他择偶的
条件是：军人、医生、党员。这三条武庆华都具备。他倒是想早点
见到这位武小姐，只因武庆华摇头，介绍人一时还不能把他俩拉到
一起搞个约会，一度"抛锚"。

　　一次，苏宁连的一个排长生病住院，正好住在武庆华所实习的
那个科。那天，苏宁来探视这位排长，有人悄悄告诉武庆华，说苏
宁来了。不知道是一种什么样的心情促使，武庆华竟鬼使神差般地
走进这位排长的病房。排长向苏宁介绍说："连长，这位就是武庆华
医生。"

　　"她就是武庆华！"苏宁礼貌地同她握手。武庆华乘机看着苏宁，
两双眼睛第一次对视，但马上双方把目光移开了。

　　正是这短暂的一瞥，姑娘怦然心动。苏宁长得太帅了，浓眉大眼，
奶油一样的肤色，文质彬彬又不失男性的刚毅，说他是个大学生更

能让人相信，比起医院的那些"眼镜先生"更具文人风采。

第一印象颇佳，武庆华改变了原先的态度，她让介绍人传话给苏宁："谈谈看……"

于是，便有了苏宁和武庆华的这次约会。

西边天空上的红霞早已消失得无影无踪，夜色笼罩着黑龙江大学的校园。苏宁和武庆华隐在一棵大树后面，小声地交谈着……

黑龙江大学的校门如同敞开的爱情之门，苏宁和武庆华情不自禁地走了进来。

正是在这里，拉开了这对恩爱夫妻的爱情序幕。

→ 请看我家苏宁

☆☆☆☆☆

1981年8月30日，苏宁和武庆华走进了婚姻的殿堂。

松花江畔，诞生了一个由军人组成的新家庭。

一次，武庆华和几个朋友在一起聊天，谈到社会风气时，朋友们哀叹："现在很难见到雷锋了……"武庆华则摇头，她说雷锋就在我们身边，"你们不是见不到雷锋吗，就请看看我家苏宁吧。"

这不是玩笑，作为妻子，武庆华太了解苏宁了，他的一些行为太像雷锋了。

朋友们不无玩笑地说，那就讲讲你家的苏宁，讲讲活着的雷锋吧。

武庆华含笑点点头，不假思索地讲起来。

公共汽车站牌下，武庆华抱着儿子任韧和苏宁在等车，正是客流的高峰期间，候车的人很多。"嘀！嘀！"公共汽车缓缓地向站牌靠拢，还没停稳，人们呼啦一下拥了过去，你推我搡，乱成一团，使得车上的人下不来，车下的人上不去。这时，听得有人喊："大家不要挤，排好队，一个一个上！"这是苏宁的声音，他一边喊着，一边维持秩序。开始时，人们只顾往前挤，不听苏宁的。可苏宁还在喊，让大家排好队。武庆华悄悄扯苏宁的衣襟，小声说："你就不能不吭声？"苏宁笑了："想不吭声，憋不住。"一边喊着一边维持秩序，终于，拥挤的人群平静下来，站好了队，一个接一个地上了车。

上车以后，人多仍然很拥挤，没有人给抱孩子的武庆华让座。苏宁的身边站着一个女同志，也抱着一个孩子，被挤得立足不稳，摇来晃去。苏宁大声地喊："哪位同志给这位抱小孩的让个座。"没有反应，坐在座椅上的人视而不见，听而不闻，有的还假装睡过去了。苏宁连喊几遍不见效，索性把那位妇女的孩子抱了过来。回过头来，看见妻子抱着孩子正冲他笑呢。

还有一次，街道上，围着一群人，原来是两个小青年在打架，手里都拿着石头、砖块，双方都已头破血流，而且越战越"勇"，没有"停

△ 苏宁与妻子武庆华的结婚照

火"的迹象。围观者没有一人肯上前劝架，有的人反倒像看舞台上的"武打"戏，看得津津有味。苏宁和武庆华到商店买东西，刚好路过这里，见状苏宁一个箭步冲了过去，高喊："快别打了，打死人要偿命的!"可是，两个打架的不听劝，还在打。苏宁一下子站到两个人的中间，交战的双方一看中间站着一位军人，住手了。一场可能导致严重后果的"战争"就这样被苏宁给平息了。事后，武庆华忧心忡忡地对苏宁说："我真替你担心，万一他们失手打着你……"

"唉，这些人，打架不当刀，不怕出人命。"苏宁唉叹着说。

　　"你就不应该去管。"武庆华仍然心有余悸。

　　苏宁却说："都像你这样想不就坏了么，社会秩序咋能好起来？"

　　"如果都像我这样，肯定打不起来。"武庆华笑着说。

　　苏宁也笑了："如果都像我这样，社会秩序不就好起来了嘛！"武庆华点点头，不得不承认苏宁是对的。苏宁作为一个共产党员，非常注意先从一个讲"理想、道德、良心、诚实、正派、乐于助人"的好人做起。他牺牲后，武庆华在某集团军举行的苏宁事迹报告会上，用五句话概括了苏宁的这些优秀品质："在老人眼里，他是尊敬师长的好孩子；在我的心中，他是可信可赖的好丈夫；在孩子心中，他是可敬可爱的好爸爸；在部队，他是忠于职守的好干部；在地方，他是乐于助人的好心人。"

　　苏宁确实是这样。生前，他经常对武庆华讲："大家都过好了，我好受；你过好了，别人过不好，我会不舒服。"

→ 冬天里的一把火

★★★★★

苏宁平时很爱唱台湾歌手费翔唱过的那首歌——《冬天里的一把火》，尤其欣赏其中的几句歌词：你像冬天里的一把火，照亮了别人，也照亮了我。

苏宁爱唱这首歌，是因为他本人就像冬天里的一把火，熊熊燃烧，能照亮别人，能使别人冰冷麻木的心得以复苏。他教育挽救二连战士小辛就是突出的例证。

1988年春，二连的连长和指导员找到苏宁营长，要求把该连战士小辛除名。

苏宁感到惊讶，把一个战士除名，这可是非同小可的事情，为什么要除名呢？

连长和指导员详细地向营长介绍了小辛的情况，列举了他的种种劣迹，诸如：不遵守纪律，几次私自离队回家，泡病号不参加训练，酗酒，打架斗殴，是一匹害群之马，连队干部拿他没办法，全连战士也对他冷眼相看。他本人则破罐子破摔，整天"腰别着扁担——横逛"，严重影响了连队的建设。

苏宁问，把小辛处理走了又怎么样？

连里的干部说，把他除了名，回到地方后爱咋样就咋样，哪怕是进监狱也同我们没关系，眼不见心不烦。

苏宁摇摇头，笑着说这样不好，我们当领导的要靠感情带兵，战士有毛病，是不是领导没尽到责任？就说小辛吧，把他除了名，送回地方，他可能从此一蹶不振，那就彻底毁了他，也增加了地方的负担。我们解放军是大熔炉，从解放军大学校出去的应该是优质的钢，合格的接班人，而不应该是炉膛里漏出的渣滓。我们当领导的不应该是冰，而应该是火，要用我们火一般的感情去感化小辛、教育小辛，使他弃旧图新，重新做人。

就这样，小辛没有被除名，苏宁营长和连里的干部决心改造他，帮助他，使他痛改前非。然而，改造人的工作不是一朝一夕能完成的，小辛照样经常不操课，动辄聚友喝酒，一听到哪里打架，他就凑过去，撸胳膊挽袖子就往上冲。

1988 年 3 月 28 日夜，熄灯号响过好久了，营区里一片静悄悄，战士们早已进入了梦乡。

苏宁还没有睡，他刚刚写完一篇论文，拿起手电，到各连去查铺查哨。

突然，苏宁的脚被绊了一下，用手电一照，原来是一个人躺在地上。苏宁俯下身一看，正是二连战士小辛，浑身酒气，躺在地上呼呼地睡大觉。苏宁说不清是愤怒、焦灼，还是愧疚，只觉得心里隐隐作痛，他把小辛背进了二连指导员的宿舍。

指导员见小辛这副样子，气不打一处来，再次向苏宁提出把他除名算了，免得惹出更大的麻烦。

苏宁此时想到的是自己的工作没有做到家，没有尽到责任。小辛是匹"野马"，驯好了可以成为骏马，驯不好当然还要咬群踢套，关键是驭手的本事。玉不琢不成器，小树不修理就不能成材，干部应该是好的驭手和优秀的园丁。

从此，苏宁在小辛身上用的心血就更多了。可小辛一开始并不买账，苏宁找他谈话，他却冷冷地说："营长，你不要和我兜圈子了，我这个人喜欢直来直去，你愿意怎么处理就怎么处理吧。"这话是够噎人的，苏宁不怒不恼，仍然耐心地和小辛谈，他相信再烈性的野马也可以被驯服。

一天，二连在操场进行单杠练习的训练，别人都很认真，小辛却袖手旁观。

排长看不顺眼，让小辛站好，他却说："你要是能拉过我，让我怎么的都行。"

正巧，苏宁走了过来，对小辛说："咱俩比比。"

小辛来了劲，把脖一梗："营长说话可要算数。"

苏宁的话掷地有声："一言为定。"

小辛甩去外衣，摘下帽子扔在一边，轻轻一跳拉住单杠，一口气作了十几个引体向上的动作。他跳下单杠，站在一旁斜睨着苏宁，挑衅的目光好像在说："看你的啦，营长。"

苏宁不动声色，走过去抓住单杠，也是一口气做引体向上的动作，他的次数比小辛多。弄得小辛很不好意思，红着脸说："营长，我服你了。"

苏宁趁热打铁，以朋友的身份经常和小辛谈心，讲理想，谈人生。精诚所至，金石为开，小辛能听进去了，越听越有味，越听越新鲜，越听越受触及。他动情地说："营长，我以前只知道干活靠力气，在外靠拳头，却从没听过像你这样讲处事做人的道理，我要是早遇上你就好了。"

小辛变了，架不打了，酒不喝了，工作训练也积极了。半年之后，还当上了指挥班的班长。复员的时候，他拉住苏宁的手久久不放，流着泪说："营长啊，是你教我学会了怎样做人，我这一辈子都不会忘记你的。"

→ 我是一个兵

★★★★★

金鸡破晓。雪后初晴。

喷薄而出的红日射出了万道金光，照在雪

地上，又反射回来，晃得人睁不开眼睛。

一阵嘹亮的军号在五常县一个边远的山村响起，榴炮二连的官兵们背着背包从一家家农户走出来，向房东告别，到村头指定的地点去集合。

前不久，二连随着全团野营拉练住进了这个村子进行整训。村里的百姓热情欢迎子弟兵的到来，腾出最好的房子给战士们住。战士们则发扬我军"拥政爱民"的光荣传统，放下背包就拿起扫帚、水桶，做到缸满院净。他们还宣传群众，开展助民劳动，访贫问苦，加深了军民之间的友情。今天，他们结束了拉练，将撤出这个村子，返回哈尔滨。

队伍集合好了，连队的教歌员站在队列前正指挥大家唱《三大纪律八项注意》。拉练期间，领导一再强调，我们是人民子弟兵，要严格执行三大纪律八项注意，不允许违犯纪律的现象发生。这不，连长蔡福贵正带领检查组挨家挨户地走访执行三大纪律的情况。群众的反映都是好的，可以说是秋毫无犯。

蔡福贵正带领检查组向侦察班住的老乡家走去，老远就听见吵架声，他驻足细听，有苏宁的声音，好像是为了镰刀的事，他心里"咯噔"一下，难道侦察班长苏宁会在这个问题上出事？他和检查组快步走了过去。

果然是苏宁，不过，不是吵架，只不过和房东老大爷在争论一把镰刀的事，双方的声音都很大，老远听着就和吵架一样。

蔡连长走过去问清了原委。事情原来是这样：昨天，苏宁借房东的镰刀为房东砍柴，镰刀被崩了个小豁牙。苏宁就到村里的供销社买了一把新镰刀，临走的时候交给了房东大爷。房东大爷哪里肯收：

"小同志，这我可不能收，一把破镰刀，能值几个钱？"

苏宁却认真地说："大爷，我是一个兵，我们部队有纪律，损坏了东西要赔，你得收下。"

老大爷也有他的道理："崩了个口子算啥？还能用嘛！再说，你是为我家砍柴，砍了那么多柴，得值多少钱？还抵不住一把镰刀啊？"

苏宁的理由也很充分："一是一，二是二，刀刃确实是我给崩豁的，我就是得赔。"

就这样，你一言，我一语，各说各的理，一把镰刀被推来推去。苏宁扔下镰刀就要走，老大爷拉住苏宁的背包不放，于是，就形成了"拉锯战"，僵持在这里了。

蔡福贵心里很高兴，苏宁做得对，这才是我们军队的作风。他劝老大爷："大爷，我们军队确实有纪律，这把镰刀你要是不收下，那就是让苏宁犯错误了。"

老大爷根本不理这个茬："我说连长，你别吓唬我，要说是打人骂人了，该批评，就一把镰刀头子的事还算犯章程啊？再说了，'剃头挑子一头热'不行，他给我砍柴，我让他赔镰刀，你还让我在村里做人不？"

一向能说善辩的蔡连长也没词了，内心涌起一股暖流，我们的贫下中农实在是太好了，朴实的话语，真挚的情意，感人肺腑。不过，镰刀是必须赔的，执行三大纪律八项注意，不能打丝毫的折扣。

正面攻不上，就从侧面迂回过去。蔡连长换了口气："大爷，你看这样好不好，既然苏宁已经把镰刀买来了，您老就收下。你想啊，苏宁是摆弄大炮的，他拿把镰刀回去有啥用啊？咱们也别说赔不赔的，就算苏宁送给您老人家留作纪念的一件礼物，总可以吧。"

老人爷感动了，声音颤抖，眼里闪着泪花："我活了这么大的岁数，见过的当兵的不算少了，小鬼子进村就杀人放火，'刮民党'进村是打粳米骂白面，你们才是人民的好军队，我老汉打心眼里喜欢你们。"

苏宁和蔡连长等人赶紧归队，他们挥手向乡亲们告别。

老乡们全都拥到了村口，深情地为子弟兵送行。

二连的官兵们又唱起了《三大纪律八项注意》，那高昂的歌声在多雪的田野里回荡……

苏宁当战士时能严格约束自己执行部队纪律，当了干部之后，他也能够严格要求部下遵守三大纪律八项注意。

苏宁当上团参谋长后，有一次带领部队去阿城县巨源乡打靶，也住在老百姓家里。有一天，他看见汽车驾驶员向房东要了两碟咸菜，便把这个驾驶员叫到一边，小声地告诫驾驶员这样做不好，不能随便要老百姓的东西，就是老百姓主动送来的也不能收，不能拿群众一针一线。驾驶员知道自己错了，作了检讨。苏宁让驾驶员按价给钱，驾驶员表示一定照办。

打靶结束了，当部队就要撤离巨源乡时，苏宁又想起这件事，专门派军务股长和保卫干事去检查这件事的落实情况。当军务股长和保卫干事向他报告驾驶员已按价给钱时，他舒心地笑了。

→ 考不住

★★★★★

　　星期六的晚上，苏宁回到家里。妻子武庆华把所有好吃的东西都拿了出来。平时苏宁不在家，她一个人吃饭没有食欲，全是对付，只有当苏宁坐在她身边的时候，她才感到饭菜有味道。

　　晚饭后，小两口逗儿子任韧玩了一会儿，给他洗了澡，小家伙安然入睡了。

　　武庆华让苏宁陪她看看电视，可他却摇头，从军用挎包里掏出打印好的复习题交给妻子，让她按照复习题上的顺序，考考自己。他这时是炮兵连长，司令部要组织炮兵业务考试，他便请武庆华先考他一遍。

　　武庆华不考不要紧，一考大吃一惊，想不到炮兵业务这么高深，什么抛物线啊，射程啊，弹道啊，初速啊……好多知识是她这个大学毕业生从未听说过的。可是苏宁却能对答如流。武庆华对苏宁刮目相看了，心里升起一个问号："他掌握了这么多的知识，啥时候学的呢？"

在武庆华的眼里，苏宁是初中毕业，小学的水平，因为他念初中的那几年几乎是停课闹革命。想不到他如今学问大增，不可同日而语了。

那么，苏宁的知识是哪儿来的呢？

当然不是天上掉下来的。他的博学多才是长期勤奋学习的结晶。

苏宁有很强的求知欲望，只要是他感兴趣的，都要下功夫学习。他把对事业的追求同爱祖国、爱人民、爱党、爱军队紧紧地联系在一起了。他经常对人讲："只有当一个人全身心地热爱一项事业的时候，他才能自觉地、不遗余力地为之奋斗。"他的勤奋好学，不是别人督促的，更不是上级命令的，完全是自觉自愿的，因为他挚爱着军队，愿为军队的现代化奋斗终生。

作为当代军人，苏宁有一种危机感、使命感。他深知，当代和未来战争既是高技术与高技术的对抗，也是军事思想、军事谋略的较量。在挑战面前，他不等不靠，主动向军事科学的高难领域进攻。他为了克服文化程度低的困难，从基础知识学起，找来了中学教科书，并购买了高等数学和《计算机语言与程序》等书籍，边学习边研究。他利用业余时间到哈尔滨工程力学研究所、船舶工程学院等单位拜师求教。为了赶上大学老师们的空余时间，他常常是误了吃饭，买几个面包揣在挎包里，就着汽水吃几口。经过几年的努力，他基本掌握了初中、高中和大学的有关课程的基础知识、计算机语言、合成军队作战的原则和对策论、运筹学等理论知识。

复习题全都考完了，武庆华承认，如果她就是考官的话，那么苏宁肯定是优秀了。

武庆华放下复习题，有意让苏宁换换脑筋，便和苏宁谈起了文学、戏剧、电影等方面的知识，也想从这个领域考考苏宁。苏宁仍然是侃侃而谈，什么普希金、果戈理、大仲马、海明威、高尔基、鲁迅；还有什么贝多芬、莫扎特、柴可夫斯基、冼星海、聂耳……他知道的也很多。

谈着谈着，武庆华又转换了话题，谈起了医学，她以为在这个领域，苏宁可是个门外汉了。当然，苏宁不像武庆华知道的那么多，但也绝非孤陋寡闻，什么血液循环、病毒感染、战场救护，也能谈出一二，而且还能例数中外医学史上的一些名人，像李时珍、华佗、扁鹊、南丁格尔等等。武庆华惊讶地问："医学知识你怎么也懂得这么多？"

苏宁笑着说："和医生睡了这么多年，熏也熏会一些了。"

武庆华笑了，她实在是考不住苏宁了。

苏宁反倒以守为攻，跟武庆华谈起了哲学，什么世界观啊、方法论啊、唯物辩证法啊……武庆华可是知之不多，只能听苏宁一个人谈，她只能当"听众"的角色了。

从这以后，在武庆华的眼里，苏宁不再是小学文化水平了。而且，在很多方面她还要求助于苏宁呢。

一次，武庆华所在医院的一位科主任要出国访问，要带一块宣传板，就委托武庆华帮忙搞。因为武庆华也是多才多艺，能写能画，她们科的板报基本上是她"主编"。可是，搞一块出国用的宣传板可不比出板报，武庆华有些为难。刚好，苏宁回来了。武庆华就让苏宁帮忙，两人边写边画，不到半夜就搞完了，文图并茂，那位科主任很满意。

→ 最美不过绿军装

★★★★★

星期天，苏宁陪着妻子和儿子到太阳岛去玩。江堤上，柳暗花明，莺歌燕舞，游人如梭，花伞林立；江面上，千帆竞渡，百舸争流，游泳的健儿们像浪里白条，出没于波峰浪谷之间。

骄阳似火，晒得人头上冒油，浑身出汗。

"妈妈，买个冰棍吧。"儿子任韧撒欢似的首先跑到了卖冰棍的老太太身旁。

妻子武庆华买了三根冰棍，给了苏宁一根，可是，他不要。他说穿军装的人边走边吃冰棍成何体统。

"那你就脱掉军装呗。"武庆华劝说着。

苏宁不脱军装，宁可不吃冰棍。

武庆华叹了口气，她拿丈夫实在没办法。

苏宁爱穿军装，这是人们有目共睹的。

苏宁的观点是：军人的美，是力度的美——军装加钢枪，显示出热血男儿的飒爽英姿。而农民的美，应该是朴实的美，没有朴素的衣着和浑身的汗水，也就失去了农民的美。

在苏宁看来，尽管我们的服装市场色彩缤纷，款式五花八门，而最美的，仍首推军装。

不论是在军营，还是休假在家，苏宁都很少穿便衣。尽管内务条令上有规定，军官在节假日可以着便衣，可是，他却舍不得脱下那身军装。熟悉他的人还发现，越是庄严、隆重的场合，越是同老百姓打交道，他越是要军装在身，有时，甚至脱下身上的"的卡"或"的确良"军衣，换上毛料军装。他认为，笔挺的军装更能显示出军人的潇洒和威仪。

苏宁的妻子武庆华也是个军人，女同志当然喜欢花花绿绿。每逢夫妻一同上街时，妻子换上花衣服，也劝苏宁换上便衣，可他就是不换。这倒不是他没有便衣，武庆华先后给他做了两套质地很好的西服，他只是试了试就放下了，以后再也没穿，还对妻子说："这身军装就够漂亮了，还浪费钱干什么？在穿戴上用不着费那么大的心思。"

有人向他发牢骚："穿军装上街真不得劲，不能和老百姓一样挤公共汽车。"

苏宁笑着说："那你就不要挤嘛。"

苏宁是这样说的，也是这样做的。他每次坐公共汽车的时候，从来也不往上挤，而且，还主动地维持秩序，站在一边督促候车的人们不要挤，一个跟一个排队上。挤车的人一看是个年轻的军官在维持秩序，也就不挤了。当然，苏宁总是最后一个上车。

有人向苏宁面授机宜："出差最好穿便衣，这样，你就不用给别

△ 苏宁夫妇与儿子任韧合影

人让座了。不然，有人会说风凉话'雷锋叔叔不在了'。"

可是，苏宁出差偏穿军装，不论是坐火车，还是坐公共汽车，他都给别人让座，有时甚至让给比自己年轻体壮的人。有一次，在公共汽车上，苏宁没有座位，又上来一位抱小孩的妇女，他就张罗着让年轻的乘客给这位妇女让座。可是，没有人响应。没办法，苏宁接过孩子，替那位妇女抱着，感动得人们说雷锋同志回来了，解放军同志就是好。这就是军装所产生的效应。苏宁问妻子："我是不是穿军装最漂亮？"妻子回答："当然。"这是武庆华的心里话。虽然，她曾多次劝丈夫穿便衣，可她还是认为苏宁穿军装最漂亮。尤其是穿上那身校官服，更显得风流倜傥，英俊飘逸。

不过，你如果仅仅认为苏宁穿军装是为了美，那也是失之偏颇的。他爱军装是因为他爱绿色。绿色，是生命的颜色，青春的颜色，他常跟战友们讲，年轻人谈恋爱喜欢在绿荫下，因为绿色的掩遮会使人产生一种安全感。在火车站，在码头，老大娘会很放心地把自己的提包交给军人看管，这是为什么？因为军人披着一身绿色。正如森林会调解生态平衡，城里的花草树木会净化环境一样，绿色的军营便是共和国的坚强后盾。绿色，这种大海的纯蓝与太阳的金黄调和而成的颜色，象征着军人的勇猛与刚毅，坚贞与忠诚。这便是苏宁热爱军装的真正所在。

妻子曾开玩笑地对苏宁说："你的这身军装是租来的吧？"

苏宁说："不!"他的这身军装是党和人民发给他的。穿上这身军装，他就感到光荣和自豪，同时，也就感到肩负的责任和义务。

➔ 一年一度春节时

★★★★★

1990 年的春节在祥和、喜庆的气氛中来到了松花江畔。

哈尔滨披上了节日的盛装，使得这个以冰城著称的繁华都市显得热气腾腾，欣欣向荣。

武庆华在门上贴好了春联，买来了苏宁平时最爱吃的食品，在家里等待着。任韧手里有一大堆鞭炮、烟花，那是姥姥给买的，他在等爸爸回来一起放。

等啊，等啊，不见苏宁回来。最终，等来的是电话，苏宁不回来过年了。

武庆华忧伤地叹口气："又白等了。"

"我要和爸爸一起过年。"任韧拉住妈妈的手，央求着说。

望着儿子那渴望的面孔，武庆华的心动了，任韧的要求并不过分，哪一个儿子不希望和爸爸在一起度过这除夕之夜？不能让儿子失望。

"你不回来，我领儿子去。"武庆华这样想着，简单地收拾了一下，领着任韧坐上炮团的通勤车来到了炮团。

苏宁不在机关，不知到哪儿忙去了。公务员打开了苏宁的宿舍，把武庆华母子让了进去。

这个小房间武庆华以前领儿子来过，说它俭朴那是文明词，在武庆华看来，简直就是寒酸，团里的那些老掉牙的家什好像都集中在苏宁的宿舍了，仿佛在搞"出土文物"展览。武庆华曾建议苏宁改变一下环境，更新一下用具。他摇头，反而说出了刘禹锡的《陋室铭》："山不在高，有仙则名，水不在深，有龙则灵，斯是陋室，唯吾德馨……"心宽不怕屋子小，苏宁喜欢这样，武庆华不能改变他。

任韧被公务班的叔叔领出去玩了，武庆华没事可干，躺在了苏宁的床上。

看见床上的白床单，武庆华苦笑了一下，记得她上次来时给苏宁带来一个花床单，在妻子的坚持下，苏宁铺上了花床单，可武庆华一走，苏宁又把花床单撤掉了。

朦胧当中，武庆华觉得有人在轻轻地抚摸她，睁眼一看，是苏宁坐在她旁边。

武庆华笑了，苏宁也笑了，两人会心的一笑，融化了武庆华心中所有的幽怨。

苏宁告诉妻子，今天晚上，要搞篝火晚会，还要放半个小时的烟火，他被指定为晚会的总指挥。所以，他到处忙活，为晚会做准备。

武庆华当然知道总指挥的分量，对苏宁说："那你忙去吧。"

苏宁反倒不走了，诙谐地一笑："武大小姐光临寒舍，我得陪陪呀。"

武庆华嗔怪地说："你欠我的多着呢！"情不自禁地扑进苏宁的

怀里。

"当!当!当!"零点的钟声敲响了,这浑厚的钟声仿佛凝结着中华民族五千年的历史,向深邃的天穹传去。

各连队的官兵离开了电视机,排着队伍跑步来到了大操场。

"全团注意听口令。立正!向右看齐!向前看!"苏宁整理好队伍,向林永长团长报告:"团长同志,炮兵团1990年春节篝火晚会准备完毕,请指示!晚会总指挥苏宁。"

"开始!"林永长大手一挥,下达了命令。

"点火!放烟花!"苏宁话音刚落,篝火点燃了,烟花升空了。

武庆华和任韧站在家属群里,她们娘俩是第一次参加部队的篝火晚会,欢乐而激动。

熊熊的篝火卷起无数条火舌向上腾跃着,把操场照得红通通。再看那向空中飞蹿的烟花,五彩缤纷,令人眼花缭乱。你看,有的像孔雀开屏,有的像金菊怒放,有的像巨龙起舞,有的像流星赶月……天空中花团锦簇,像是天女撒下的花瓣。

苏宁有条不紊地指挥着,他应该站在武庆华和任韧的身边,可是,他不能离开指挥的位置。

烟火放完了,团里的领导站成一排,给全团官兵拜年。之后,又给所有的家属们拜年,感谢家属们对部队工作的支持。武庆华看到了，苏宁在向家属们鞠躬的时候，态度是那样的真诚。武庆华从苏宁的目光里感受到了这一点，单凭这一点，就足以使武庆华热泪盈眶了。

　　篝火晚会之后，苏宁领着武庆华和任韧来到了直属队，这是他的习惯，每次春节都是先给直属队的官兵拜年，这次更有意义，是全家一齐出动。之后，给团里的几位领导拜了年。最后，又去了家属院，给转业干部及其家属拜年。

　　拜完年了，任韧吵着要睡觉。苏宁的小房间睡不下，他们来到招待所，住进了两张床的房间。一家三口人，就这样过了个团圆年。

历史在这里交汇

➔ 艰苦奋斗之歌

★★★★★

夕阳收起了它那最后一抹余辉，隐到大山后面去了。暮霭抖开轻薄的羽翼，温柔地罩住了炮团的营房。

礼堂里，电影还没有开演。排列整齐的各连官兵们正热火朝天地拉歌，什么"打靶归来"呀，"学习雷锋好榜样"呀，"大刀向鬼子们的头上砍去"呀……此伏彼起，一个比一个响。突然，在一营的座位上响起了一支奇怪的歌子："红萝卜咸菜白萝卜汤，菜锅里猪肉喷喷香……"人们引颈望去，议论纷纷："咦，这是什么歌曲？从来没听过？""曲子倒是流行的，是电视连续剧《康德第一保镖传奇》的插曲，可词却不对呀？"

是的，这首歌的歌词除了一营的同志会唱之外，其他连队的同志都不会唱。因为它是苏宁新近创作的，也是他亲自教全营唱会的。今天，第一次在全团面前"亮相"，就不同凡响，可以说是"盖了帽了"。你看，那位英俊的少校营长苏宁挥动着双臂，指挥全营放歌的神态是何等的自豪啊。

他应该自豪，因为这首名为《艰苦奋斗之歌》的歌曲几乎成了他们的营歌，它记录了苏宁营长带领全营同志所走过的艰苦奋斗的战斗历程。

苏宁刚当营长的时候，他就考虑怎样才能把伙食搞得更好。向上级伸手要？显然不成，伙食标准是全军统一的，团里也很穷，拿不出钱和物来补贴伙食，而物价还在不断地上涨。苏宁想起了爸爸给他讲过的延安大生产运动。那时，延安军民靠自力更生，艰苦奋斗，在国民党的经济封锁下摆脱了困境。那么，今天，我们为何不用自己的手来征服生活上的困难呢？我们可以开荒种地，也可以养猪种菜嘛。他在给全营讲课的时候，说过这样一段话：在中国这块还没有完全富裕起来的 960 万平方公里的土地上，我们现在只能做牛，去辛勤地耕耘，流汗，出力，这是创业的基础和前提。年轻人在改革开放中的理想是否高大，一个重要的标志，看他是做一个投机钻营的不劳而获者，还是甘当"老黄牛"，处处讲奉献。我认为，那些人为的装潢、打扮，修饰生活，都是不可取的。我们要用自己勤劳的双手，改善我们的生活。于是，苏宁带领全营同志开荒种菜、养猪、养鹅。开荒没有牛，也没有马，苏宁和战友们就一锹一锹地挖，汗水落地摔成了八瓣，滋润着那片深情的土地。苏宁还经常跳进猪圈、鹅棚，把粪起出来，垫上新土。辛勤的劳动，换来了丰硕的成果，全营每年都养上百头猪、几十只鹅，蔬菜自给有余。由于他们的农副业生产搞得好，师、团在一营开了现场会，推广他们的经验。当来宾们看着他们菜地里的辣椒青翠欲滴，柿子像一盏盏小灯笼，豆角像一串串小镰刀……还有那滚瓜溜圆的肥猪、嘎嘎欢叫的肥鹅时，无不竖起了大拇指。自然，他们营的生活也得到了改善。战士们吃着香甜可口的饭菜，心底洋溢出喜悦，并转化成学习和训练的巨大热情。望着战友们那一张张笑脸，苏宁的心里也乐开了花。他针对青年人爱唱流行歌曲的特点，利用电视连续剧《康德第一保镖传奇》的插曲，填了词，创作了这首被战士们亲切地称为"营歌"的《艰苦奋斗之歌》。

苏宁经常对全营战士说："我们营是 152 榴弹炮营，我们的炮口径最大，射程最远，我们营的歌声也要最响。"不错，他们营的歌声果然最响。你听："红萝卜咸菜白萝卜汤，菜锅里猪肉喷喷香，咱连队伙食搞得好，自给自足是保障。同志哥,同志哥,真叫人牵挂，抛东抛西，艰苦奋斗抛不下。"

→ 泾渭分明

★★★★★

一年一度的报刊征订工作开始了。收发员按照惯例，给团里带"号"的首长每人订了几份报纸、杂志。其中包括参谋长苏宁。

一天，刚刚上班，苏宁就走进了收发室，要求收发员给订几份有关炮兵业务的报刊。

收发员拿出报刊目录，递给苏宁："首长，你自己选吧。"

苏宁浏览着目录，很快选中了几份和炮兵业务有关的报刊。他掏出钱，递给收发员："给你钱。"

收发员惊疑地望着苏宁："首长，不用交钱。"

苏宁笑了："我订报，你不收钱，你不就赔了吗？"

收发员说："就几份报刊，又是炮兵业务方面的，把它加在团里的报刊费中一起算吧。"

苏宁严肃地说："那可不行，公家的便宜咱

一分也不能占。"

收发员就是不肯收钱："你是参谋长，多订几份报刊也是工作需要。"

苏宁站了起来，拿过报刊目录："好吧，你不收钱，我就不在你这里订了，我自己到邮局去订。"说完，转身就走。

收发员赶紧拉住苏宁，退让地："首长，我给你订还不行吗。"

收发员收下了钱，苏宁高兴地笑了。

苏宁就是这样一个人，从来不占公家的便宜。

团里有个理发室，按规定，干部战士理发每人每次收 5 角钱，这比起营房外的理发厅要便宜得多，尽管如此，有时也收不上钱来。苏宁每次理发都主动交钱，理发员有时不收："就几毛钱的事呗。"苏宁是非交不可。他对理发员说："这是团里定的规矩，大家都不执行，不就白定了吗？"一次，苏宁理完发，交钱时发现自己没带零钱，便拿出一张 10 元票给理发员周勇，小周不收："没有零钱就算了。"

"怎么能算了呢？你给我找开不就行了。"苏宁坚持着。

"我真的找不开。"小周把钱盒子拿给苏宁看，果然，里边的钱划拉到一起也不足 7 块钱。

"下次一起交吧。"小周见苏宁为难的样子，退让了一步。

苏宁没办法，只好收起钱，走了出去。

20 分钟之后，苏宁又返回理发室，把 5 角钱交给了周勇。原来，苏宁去了财务股，让他们给破了零钱。

周勇捧着这 5 角钱，心如潮涌，在心里喃喃："参谋长，你太认真了！"

苏宁总是这样，在钱和物的问题上，一向泾渭分明。

团司令部有个招待所，招待所有个洗衣机，机关里经常有人用这台洗衣机洗衣服。可是，苏宁却从来不借这个"光"，他的衣服都是自己洗。如果实在来不及洗，他就把脱下来的衣服锁起来，怕公务员拿去洗。有一次，他正要洗衣服，发现洗衣粉没了。机灵的公务员王兴涛马上拎着一袋洗衣粉递到苏宁的面前："参谋长，给你洗衣粉。"

苏宁问："哪来的？"

王兴涛："我们公务班有的是洗衣粉，是用来刷厕所的，你就用吧。"

苏宁推回洗衣粉："公家的，我不用。"

王兴涛急了："一袋洗衣粉有啥了不起的。"

苏宁深沉地说："是没啥了不起的，可那是公家的。"

苏宁转身就往外走，王兴涛赶紧拦住他："首长，你干啥去呀？"苏宁："我去买洗衣粉。"王兴涛说："那我去给你买还不行吗？"苏宁笑了："好吧，劳驾你跑一趟服务社。"他掏出钱，交给王兴涛。

王兴涛放下那袋洗衣粉，叹了口气，转身走了。

→ 坐车与买票

★★★★★

又是一个星期六的下午，得了重感冒的苏宁正在办公室吃药。

"当当!"有人敲门，进来的是小车司机小叶。

"参谋长，今天下午团里的其他首长都不外出，您这两天病了，下班之后我送你回家吧。"

苏宁连连摆手："那可不行! 我还是坐班车走吧，一个人坐小车冷冷清清的，没意思，和大家一起坐班车热闹。"

什么"冷清"啊，"热闹"啊，全是托词。小叶心里清楚，参谋长就是严格要求自己。一次，苏宁回家的路上，正碰上团里的一台小车从市里往回返，司机要送他回去，他却制止了："别为我一个人单独跑一趟，还是省点油吧。"他硬是把小车撵了回来。

有时,苏宁去市里办事,随便搭上一辆大"解

"放"就走，要么就坐公共汽车。那天，他刚走出大门，迎面碰上了巡视菜地回来的团长林永长。林团长让他坐小车走，他不肯。从团部大门到公路上的公共汽车站点，要走 10 分钟左右。他走到站点时，刚巧公共汽车开到了，他轻便地跳上了汽车。

有人跟苏宁开玩笑："穿着毛料军装挤公共汽车多掉价！"

苏宁却不这样想，他说："群众最烦的是官升脾气长、官升要待遇的党员干部，我不能穿上毛料忘了自己是普通一兵。"

他是这样说的，也是这样做的。在坐车这个问题上，他的确是普通一兵。

7 月的哈尔滨城，绿树成荫，花团锦簇，从松花江的浪尖上飞出来的欢乐的嬉笑声，吸引了众多的游泳爱好者，从四面八方涌向江边，一试身手。

苏宁和妻子武庆华在花园街上了公共汽车，他们也想到松花江里去搏风击浪。

"买三张票！"苏宁挤到售票员跟前，掏钱买了三张票。

武庆华感到奇怪，悄声问："我们就两个人，干吗要买三张票？"

苏宁小声地告诉妻子："我欠人家一张票。"

"怎么，你上次坐车没买票？"

"是的。"苏宁告诉妻子，他上次坐公共汽车出去办事，买票时一掏兜，坏了，着急上街，兜里竟忘了带钱。他红着脸对售票员说了实话。售票员一看是位少校军官，自然坚信不移，放苏宁下了车。

苏宁对此深感不安，这张票便成了他的一块心病，今天和妻子出来，正好多买了一张。

武庆华问："你上次坐的是这辆公共汽车吗？"

"不是。那辆车不是这条线路上的。"

"那你多买一张票，那辆车的售票员也不知道啊。"

"她知道不知道没关系，反正都是国家的汽车，这张票交给谁都一样，上交国库就是了。"

武庆华不再说什么，她很赞成丈夫的这个傻劲，更欣赏丈夫的口头禅："公家的便宜咱一分也不能占。"

下车时，苏宁递上三张票。售票员疑惑地问苏宁："解放军同志，你怎么多买了一张票？"

苏宁笑着说："没多，正合适。"跳下车，冲着售票员招招手，和武庆华大步向前走去。

望着苏宁的背影，售票员百思不得其解，自言自语道："这个当兵的真有点怪。"

当然，苏宁坐的最多的，还是团里的通勤大客车。团里规定坐通勤车每人每次收4角钱，然而，就是这4角钱，收上来也不容易。

1990年3月，汽车连的小麻由常勤车驾驶员改为通勤车的售票员。坐车的不是军官就是军官的妻子，哪个不比他大？他们不主动买票，小麻实在不好意思向他们要钱。

一天，一位少校一上了通勤车就递过来4角钱："买张票。"

少校的话音刚落，又一个声音响起："售票员，把钱还给一营长。"

不错，买票的少校是苏宁，一营营长，售票员小麻不认识他。

"自家人，不要收钱。"从最后一排座位上冒出这样一句话。

"请收下，坐车哪有不交钱的道理？"苏宁坚持着。

小麻见苏宁的态度坚决、诚恳，只好收下钱。

小麻拿着票夹从车厢的前头挤到后头，出了一身大汗，却是坐车的人多，买票的人少。

小麻摇了摇头，无可奈何地叹口气："唉，这活真没法干了，难怪谁也不愿干这活！"

小麻的话深深地敲击苏宁的心，他若有所思地扫了一眼车上的乘客，站了起来，对小麻说："售票员，把票夹给我。"

小麻愣怔地望着苏宁，不知他要票夹干什么。

"我是一营营长，今天，我来替你卖票。"

小麻将信将疑地将票夹给了苏宁。

"请大家自觉买票。"苏宁一边宣传一边卖票，这一招还真灵，主动买票的人不少。

当苏宁走到一位家属面前时，这个家属故意把脸扭向一边，不理睬苏宁。

苏宁和颜悦色地说："这位同志，请您买票。"

那位家属只好转过脸来，冷冷地说："我没带零钱，下次给。"

"没有零钱不要紧，请买票，我给你找零钱。"

"说过没零钱，下次给你还不行吗？"

苏宁见她这种态度，根本没有买票的意思，或者说，她没有买票的意识，也就不客气地说："同志，你在市里坐公共汽车不买票行吗？不要以为部队家大业大，就想白坐车。你要确实没有带钱，我替你买一张。"

苏宁的一席话使那位家属感到羞愧，掏出了零钱，买了票。

从那以后，通勤车卖票就不那么费劲了。

苏宁生前究竟买了多少张公共汽车票，已无法考证了。可是，他牺牲后，战友们在整理他的遗物时发现了近百张公共汽车票根。

这就是享有坐小车权利的团参谋长。

➔ 犒劳教师

★★★★★

蓝天·白云。

高山·树林。

在亚沟射击场，绿荫遮蔽的掩体里蹲着一门威武的大炮。苏宁手持小红旗，站在指挥的位置上，不时地向炮手下达着命令：

"一号装药，放！"

"二号装药，放！"

随着苏宁的一声声号令，炮口喷出一团团火舌，射出一颗颗弹丸，而炮身后坐力产生的巨大震动卷起的一股股烟尘，和硝烟混合在一起向高空升腾着、扩散着。

这是炮兵团和哈尔滨工业大学联合进行的"激光测速系统"实弹试验，这已经是第三次实验了，获得的大量数据表明，成功正向他们靠近。

这项科学研究是苏宁首先提出来的，并得到了哈尔滨工业大学光电研究所的支持，由该所的韩雅轩教授、党九彪讲师、袁晓文助理工程师与炮团的苏宁等人共同进行研讨，协作攻关。准确地测试炮弹的初速，这是炮兵作战和训练经常遇到的一个问题，测试不准，既影响射击精度，又浪费炮弹。现在，成功在望，苏宁和他的合作者们甭提有多高兴了。

吃饭的时候，苏宁风趣地对几位老师说："你们几位很辛苦，我要犒劳你们，今天，给你们上一道特殊的菜——团菜。"

"团菜？"几位教师相顾而视，不得要领，说实在的，他们吃过的山珍海味中还没听说有一种"团菜"。也好，今天倒要开开眼，尝尝鲜了。

苏宁向炊事员招招手，"团菜"端上来了。原来是一盘野菜——婆婆丁。

教师们伸出了筷子，夹起来尝了尝，还别说，真是别有一番风味。

野菜，确实是炮团的团菜。

吃这道菜，在炮团是由苏宁倡导的。他常向人们宣传，吃野菜有营养，没有污染。然而，苏宁讲得更多的是要艰苦奋斗，不忘老一辈人靠吃野菜打天下的传统，红军靠吃野菜走完了长征，八路军靠吃野菜打胜了日本鬼子，就是解放后的三年经济困难时期，我国人民也是靠吃野菜渡过了难关。

为了挖野菜，苏宁专门准备了一把挖菜刀，每年春天，他都用这把刀挖野菜，给食堂的餐桌上增加了一份美味佳肴。

他刚当连长的那年，由于天气大旱，一个80多口人的连队秋后只收获了几百斤白菜，萝卜也不足千斤。市场上的菜价又特别贵，而战士们的菜金每天只有6角多。在这种情况下，如何搞好连队的伙食，保证连队的战斗力，便是这位年轻的连长亟待解决的一个问题了。

第二年一开春，苏宁发现驻地附近的田野上青绿欲滴，什么婆婆丁啊、荠荠菜啊，比比皆是。他灵机一动，野菜不是也可以吃吗？而且野菜没有上化肥，没有洒农药，更少污染。于是，他到书店买了一本有关介绍野菜的书，又自己做了一把挖菜刀，利用业余时间，拿着书到田地里对照野菜辨认，不出三天，他就能说出18种野菜的名字，知道哪些野菜能吃，哪些野菜有毒。

掌握这些知识之后，苏宁就利用业余时间带领全连同志挖野菜。他还把自己掌握的野菜知识传授给了战士，尤其是炊事班的同志。这年的春天，别的连队都说没菜吃，而苏宁的连队却菜源不断，大地母亲把自己的创造无私地赐予他们。在这个基础上，苏宁又在琢磨野菜的吃法。经他和炊事班的同志共同探索，居然能用野菜拉出9种有名有姓的菜谱来。他经常算这样一笔账：野菜吃不尽，春风吹又生，坚持吃野菜，不仅丰盛了战士们的盘中之物，而且也节省了大量的开支。

苏宁当了参谋长后，便向全团倡导吃野菜，于是，一向不起眼的野菜身价倍增，成了炮团的"团菜"。

苏宁不但用"团菜"招待大学教师，还用"团菜"款待过中学的老师和学生。

1989 年 5 月 2 日，哈尔滨市第七职业中学的 5 名学生在徐老师的带领下，到炮团开展服务活动。当时，苏宁是一营营长。中学生们为一营的官兵缝洗衣服、搞卫生。活动完了，苏宁留他们吃饭，除了 4 盘炒菜之外，苏宁又让上了一道菜：苣荬菜蘸大酱。对于这几位在糖罐子里泡大的中学生来说，从来就没吃过野菜，他们好奇地吃了几口，虽然略有苦味，总的感觉还不错。苏宁笑着问："怎么样？好吃吗？"

　　中学生们众口一词："好吃。"

　　苏宁不仅自己爱吃野菜，而且影响了妻子和儿子也爱吃野菜。春天里他每次回家绿挎包里总是装满了野菜。

　　1991 年 6 月 21 日，在亚沟射击场进行了第四次"激光测速系统"的实弹射击。这是苏宁牺牲后的第一次试验，取得了更大的成果，这是课题组的全体同志向苏宁敬献的一朵白花。

　　吃饭的时候，韩雅轩教授、党九彪讲师、袁晓文助理工程师特意空出一个座位，那是苏宁生前常坐的位置，多摆了一双碗筷，而且，摆上了苏宁最爱吃的一盘"团菜"。三位老师眼含热泪，默默地在心里说："苏宁同志，和我们一起吃野菜吧，我们一定继承你的遗愿，把这项试验搞成功，为军队的现代化建设作出贡献。"

➔ "不好意思"与"走后门"

★★★★★

夜，已经很深了，万籁俱寂。劳累了一天的哈尔滨在夜幕的覆盖下，安然入睡了。偶尔，从松花江上传来几声浑厚的轮船的汽笛声，闯入市民们甜美的梦境。

在花园街的一幢楼房里，有一扇窗户还亮着灯光，窗棂上印出一男一女两个人影，那是苏宁和武庆华在收拾房间。

1985 年，苏宁和他的妹妹合住一套两居室的公寓，住室一人一间，厨房和厕所两家合用。1990 年，妹妹搬走了，弟弟任刚搬过来住妹妹那一间，兄弟俩相约乘机把房间装修一下。弟弟动作快，已经装修完毕，搬进来了。可是，苏宁和武庆华还没完成房间装修工作的一半。

虽然仅仅是一间房子，武庆华心里还是满高兴的，那毕竟是属于她和苏宁的天地。结婚以来，一直住在爸爸妈妈家，尽管爸爸妈妈对待苏宁像亲儿子一样，可她总觉得心里不踏实，总想搞一个自己的"安乐窝"。这回一定要好好装修，给苏宁创造一个良好的家庭环境，让他尽情地品尝家庭的温馨。

望着苏宁那满身的白灰点子和疲惫的面容，武庆华有点心疼："宁宁，你休息吧，明天还要回部队呢。"

苏宁哪里肯停啊，武庆华拿他没办法，唉叹一声："你呀……"这一句，包含着多少内容啊，恐怕只有苏宁和武庆华心里清楚。

装修房子，需要劳动力，炮兵团别的不多，有力气的棒小伙子有的是，武庆华让苏宁带几个兵来帮帮忙，苏宁却说："自己装修房子，让战士来干活，哪好意思。"

战士不行，还有工人呢，炮兵团有负责水、电的工人，有泥瓦工人，请他们来帮帮忙。总可以吧。苏宁却说："团里的工人，怎好意思拉来给自己干私活！"

炮兵团有汽车，好多干部都用团里的汽车帮过忙。装修房子，好多材料需要用汽车拉，参谋长家里用一次汽车总行吧。

可苏宁说："不行，汽车属于团里的装备，我可不好意思开这个口。"

这也不好意思，那也不好意思，没办法，只好夫妻俩自己干。两人都要上班，只能利用星期天干一点，还要料理别的家务，还要辅导孩子学习，苏宁有时还要学习，跑图书馆，写论文，用到装修房子上的精力就太少了。武庆华曾向苏宁提出，请人你不干，你请几天假行不行？我们集中一点时间，快些把房子装修完。

苏宁摇头："一个团就一个参谋长，我请假装修房子，好意思吗？"

"那么，你天天晚上回来，我们集中几个晚上突击一下，行不？"

苏宁还是那句话："全团干部坚持礼拜六回家制度，我哪好意思天天晚上回家？"

没辙。两口子每个星期天干一点，带带拉拉干了小半年，这才搬进新居。

就是这位经常"不好意思"的苏宁，也有"好意思"的时候。

1988年8月，苏宁当营长，部队又要去黑水打靶了。全营官兵情绪高涨，摩拳擦掌，跃跃欲试。可三连的排长赵立军却满脸阴云，坐卧不安。

赵排长是由吉林农村入伍的，自幼家境贫困，父母含辛茹苦，把他和哥哥拉扯成人。

赵排长当兵后，哥哥的年纪已经很大了，在农村，小伙子娶亲要靠钱堆。父母为哥哥操办婚事，拉了两千多元的饥荒。母亲又着急又上火，得了肝病。在缺医少药的农村，虽求爷爷告奶奶寻医讨药，却不见好转。后来，听白城市的医生说，一种新问世的"护肝片"能治妈妈的病，全家人喜出望外，哥哥嫂子跑遍了白城市所有的药店，都说没货。

全家人陷入了失望之中。

哥哥想到了弟弟，哈尔滨这样大的城市一定能有这种药。于是，哥哥满怀希望地给弟弟写来一封信。赵排长见信后，心急火燎地跑遍了哈尔滨的药店，得到的回答是此药奇缺，眼下无货。

赵排长沮丧了。妈妈一生勤劳，为了儿女操碎了心，她把满腔的情和爱都倾注在儿女的身上，自己反倒积劳成疾。一想到妈妈那憔悴的面容和虚弱的身体，他的心就颤抖，真恨不得马上就找到生产"护肝片"的厂家，哪怕是磕头作揖，也要为妈妈求来药，尽儿子的一片孝心。

正当赵排长焦急之际，苏宁知道了这件事。他劝赵排长不要着急，并答应帮他想办法。

苏宁给在 211 医院当医生的妻子武庆华打了电话，请她帮忙。

可是，武庆华也无能为力，因为这种新药奇缺，211 医院也是存货不多，批发权控制在院长的手里。

苏宁急了，亲自跑到 211 医院，找到院长，说明了赵排长家的实际情况，请求院长照顾一下。院长被苏宁这种关心体贴部下的热忱所感动，当即批给他 5 瓶"护肝片"。

当苏宁把药交到赵排长手里时，赵排长的眼睛湿润了，感动得什么话也说不出来了。

赵排长寄走了 5 瓶"护肝片"，同时，也寄去了苏宁对这位普通的农村妇女的一片深情。

部队出发了，赵排长像卸去了压在心头的一块重石，阴沉的脸上绽出了笑容。

苏宁心里也很高兴，他看到赵排长身上有一股使不完的劲，带领他的排顺利地完成了打靶任务。

➡ 路见不平一声吼

★★★★★

　　早晨，和煦的阳光沐浴着刚刚从睡梦中醒来的哈尔滨城。

　　树叶上，花瓣上，还有那哥特式建筑物的尖顶上沾满了晶莹的露珠，在阳光下闪闪发光。

　　十字路口上，急于赶路的车辆和急于上班的人们，在这里汇聚了。交通堵塞，车辆过不去，人员走不过来。司机急得直按喇叭，骑自行车的人急得直按车铃，更有一些人急躁得骂爹骂娘。

　　这时，从军车上跳下一位少校军官，他自告奋勇地来维持秩序。毫不夸张地说，他的指挥动作不比交通警察差多少。在他的调整下，混乱的秩序恢复了正常，汽车像一股铁流涌过去了，骑自行车的男女穿着五颜六色的衣服，像一条多彩的河淌过去了。

　　有人认识这位少校军官，他叫苏宁。

是的，苏宁爱管"闲事"，这在当地也是出了名的。

一个星期天，苏宁正在家里看书。突然听见楼下有吵架声，他放下书，走了出来。

楼下围着一群人，其中，有四个流里流气的小青年围住了修鞋的母子在谩骂，污言秽语令人难以入耳。

事情原来是这样。这天，修鞋的母子刚在楼下摆好了摊子，就见南面晃晃荡荡地来了四个男青年，到这里停下了，他们浑身酒气，打着饱嗝。一个家伙把鞋往地摊上一甩，耀武扬威地说："限你们10分钟之内把本大爷的鞋修好，可别误了本大爷的大事。"

修鞋母子见这四个人来者不善，不敢怠慢，连声说："请大爷稍候，这就给你修。"

母亲拿起锤子、钉子，钉钉敲敲，又用修鞋机缝缝补补，儿子在旁帮着忙活。不一会儿就浑身冒汗。其实倒不是累冒汗了，是被这四个家伙吓的，看他们那黑煞神的样子，母子俩的手都有些哆嗦。

母子俩尽心地补鞋，那四个人还一个劲地催促，嘴里不干不净地骂着。约摸10来分钟的时间，鞋补好了。那个家伙把鞋一穿，顺手抓住修鞋妇女的儿子的衣领，恶狠狠地骂道："妈的，就你们这两下子，也想在哈尔滨混饭吃？哈哈！也不撒泡尿照照自己。"骂完，把修鞋男孩使劲一推，打着口哨就要离开。修鞋的妇女挡住他，让他付修鞋钱。另外三个家伙发话了："你们耽误了人家的时间还没找你们算账呢，你们还敢要钱？躲开！"

修鞋的妇女不知从哪儿来的胆量，拦住他们不让走。四个青年更不是省油灯，把修鞋的母子俩围在中间，又推又搡，大骂不止，引得路人都围过来看热闹。

苏宁见状，拨开众人，走了过去，大喝一声："你们几个想干什么？欺负两个外地人算什么本事？"

四个家伙放开修鞋的母子，转向苏宁，张牙舞爪地就要动手，可是，当他们看到这位少校军官的凛然正气和神圣不可侵犯的威仪时，胆怯了，后退了，灰溜溜地转身走了。

"这几个人也太霸道了，修鞋不给钱，还骂人。"修鞋妇女颇为委屈地对苏宁说。

苏宁安慰说："他们不对，你别生气，修鞋的钱我出。"他掏出5元钱，给了那妇女。

那位妇女怎肯收他的钱，苏宁诚恳地说："就算我修了鞋还不行吗？收下吧。"

修鞋妇女捧着5元钱，眼泪流了下来，在这举目无亲的哈尔滨，她遇到了亲人。

这位修鞋的妇女叫张云飞，儿子叫鲁小民。三年前，家乡浙江遭受了水灾，为了谋生，张云飞带着14岁的儿子鲁小民来到了哈尔滨，摆摊修鞋，维持生计。因人生地不熟，又是干着最低等的活计，被人瞧不起，常有一些不怀好意的人来找茬刁难。母子俩像海上漂泊的一艘孤船，在风浪中颠簸着。

苏宁拍拍鲁小民的肩膀，亲热地说："我叫苏宁，就住在这个大院的五楼，你们以后有什么事尽管来找我好了。"

打那以后，苏宁常来问候这母子俩，还给他们送过衣物、粮油和蔬菜，使这母子俩深切地感到，人世间还是有真情在的。

当母子俩得知苏宁牺牲的消息后，像失去了亲人一样悲痛，声泪俱下地念叨："苏参谋长啊，你与我们无亲无故，却给了我们很大的帮助，我们母子俩领了你那么多的情，还没来得及还，你咋就那么走了呢……"

→ 军人是不会打光棍的

★★★★★

"呜！"火车拉响了汽笛，驶出了哈尔滨火车站，向着绥化的方向急驰。

十月的东北平原，丰收在望：成片的高粱像红色的地毯铺向远方；尺把长的苞米棒子排列整齐，昂首挺胸，傲视寒霜的来袭；金黄的谷穗沉甸甸压弯了谷秆的腰，像深沉的学者面向大地诉说着事业的艰辛……火车就在这油画般的原野上穿行。稻谷的清香和瓜果的芬芳飘进车厢里，好不醉人，好不赏心悦目。

旅客们有说有笑，车厢里的喇叭正播放马季和赵炎合说的相声，逗得人们时而捧腹，时而前仰后合。可是，在一条长椅上并排坐着三个军官，他们笑不起来，脸色都很阴沉。这三个人是：炮团一营营长苏宁、二连的排长李明哲、副连长曾继龙。

他们要到哪儿去？心情如何沉重？

这话还得从头说起。

二连排长李明哲是鲜族人，工作积极肯干，人也老实厚道，还立过三等功。经人介绍，他和绥化列车段的一个女列车长相识了，随着接触的增多，两人的感情愈深，正式确定了爱情关系。

1988年3月，女列车长和李排长便酝酿着要结婚，谁知这时来了紧急任务，李排长带领一个排配属到十三连去大兴安岭筑路施工。列车长很扫兴，可军令如山倒，李排长和她商定把婚期推到当年的十一。

李排长在大兴安岭施工，心里却想着绥化的恋人，不断地写信来安慰她，让她耐心等待。经过半年的紧张施工，筑路任务完成了。当李排长他们下山的时候，每个人的脸上都已晒脱了几层皮，黑黝黝地冒紫光。可李排长心里高兴，马上就要见到心爱的姑娘了，很快就要当新郎了，从没有过的喜悦撞击着这位朝鲜族小伙子的心扉。

列车长闻讯赶到部队，见李排长又黑又瘦，很心疼，让李排长跟她回去结婚，她要用女性的温存和爱抚给未婚夫以补偿。

可是，天不遂人愿，因部队有事，李排长脱不开身，不能马上回去结婚。

姑娘愤怒了："找当兵的真倒霉，10天内不回去完婚，就拉倒！"她说完，头也未回地走了。

李排长急得团团转，一连给对象打了三次电话。得到的回答更使他如雷轰顶："10天也不等了，永远也不想见到你。"

好端端的婚事竟奇峰突起，急转直下，李排长没了主意，不由得心灰意冷，茶饭不思，晚上睡不着觉，一个人在月光下转来转去，竟鬼使神差般地推开了苏营长宿舍的门。

苏宁听了李排长的述说，也很着急、难受，李排长是个好同志，好同志为什么在婚事上这样不顺？作为领导，应该帮助他，哪怕有一线的希望，也要促成这件婚事。

第二天，苏宁来到二连，对该连指导员说："咱们应该到绥化去一趟，做做女方的工作，尽量消除误解，使他们和好如初。"

指导员当即表示同意："营长，我跟你去，咱们这就走。"他说着就要换衣服。

苏宁猛然想起什么，拦住指导员："得，你不要去了，你爱人来队休探亲假，你好好陪她吧。""没关系，也就几天呗。"指导员坚持要去。

苏宁坚决不允："你不要去，我去给李排长撮和，让你们两口子分别，不好，你别去。"

就这样，苏宁带着李明哲和曾继龙上路了。

1988年10月10日傍晚，苏宁他们三人来到了姑娘的家。从晚上的7点谈到夜里11点，第二天早晨6点起来又谈了三个多小时，姑娘铁了心，就是不同意。姑娘的态度很明确："我不配做军人的妻子，也受不了那份苦。"

苏宁反复劝说："明哲是个好同志，今年还立了三等功。"

姑娘却说："这个我不稀罕，我要的是丈夫，我当不了军人的妻子。"

说到最后，姑娘把封门的话都说出来了："别说要我嫁给他，就是他'嫁'给我，我也不干！"

话已说绝了，一切努力宣告失败。苏宁带着李明哲和曾继龙往回赶。

火车上，李明哲垂头丧气，越想越窝火，眼泪在眼眶里打转转。苏宁劝他："你不要太难过，强扭的瓜不甜。她瞧不起我们，我们自己不能瞧不起自己。人生总有不顺的时候，要在困境中奋起，我就不信你会打一辈子光棍！"

营长的话使李明哲的心里亮堂了不少，堂堂男子汉，除了爱情，更重要的是事业。下了火车，天已经很晚了，虽然事情没办成，可营长是尽了心的，李排长很感激，要请营长和曾继龙下馆子。苏宁制止了："别花那份钱了，到我家去，我给你们下面条。"他拉着李明哲和曾继龙回到家，一边吃饭，一边又开导李明哲。李明哲感动地表示："营长，你放心，咱毕竟是个男子汉！"

李明哲没有消沉，半年以后，升任十三连的指导员。1990年3月，和家乡一位漂亮的姑娘喜结良缘。他把消息第一个告诉了苏宁，他知道苏宁一直惦记着他的婚事。

苏宁吃着李明哲送来的喜糖，笑着说："我早就说过，我们军人是不会打光棍的！"

→ 少年军校

★★★★★

军号嘹亮，彩旗飘扬。炮团的操场上，排列整齐的一尊尊大炮高扬起臂膀，欢迎它们的小主人。

看！走来了，一群英姿勃发的小军人，他们穿着制式的小军装，戴着军帽，扎着腰带，除了肩章和帽徽是按比例缩小的之外，整套军装和部队的士兵没什么两样。是的，他们也是士兵，是苏宁倡导创办的第一期少年军校的学员。今天，他们到炮团来参加少年军校开学典礼。

会场的气氛是庄严而热烈的。小军人们是第一次在军营里参加如此隆重的庆典，个个心潮激荡，热血沸腾。

庄严啊！那隆重的升旗仪式。五星红旗冉冉升起，然后是威武的战士迈着正步护卫着八一军旗向前挺进，紧接着是共青团的团旗，少先队的队旗。这隆重的仪式，把孩子们带入一种庄严的境界，领悟到了革命事业接班人应肩负的历史责任。

闪烁的五星，耀眼的八一，鲜艳的火炬。国旗、军旗、队旗，相互辉映，猎猎作响，像燃烧的三束火把，托起天上的太阳。

在场的好多人都激动得热泪盈眶。苏宁的眼泪顺着他那英俊的面庞滚落下来，他感慨地对身旁的同志说："看见星星火炬，我不由得想起自己的少年时代。"

苏宁的少年是什么样子呢？他是在八一小学度过自己的少年时代的。学校过的是半军事化的生活。而父母又经常给他讲军队上的故事。他自幼就崇尚军人，渴望军旅生活，还不满16岁，他就毅然投笔从戎。

那么今天，少年们是否也渴望当兵？

东风小学的领导曾在本校学生中进行了"你的理想职业是什么？"的摸底调查，全校1500多名学生中，大多数人想当科学家、歌唱家、电影演员……只有30名学生想当兵，占学生总数的2%；其中，有2名学生想当军官，想在部队长干，占学生总数的0.14%，这是个多么可怜的数字，又是多么令人担心的数字啊。

当时，身为营长的苏宁对此深感忧虑，他对教导员说："2000年，谁来保卫我们的祖国？"

这是一个跨世纪的问题。

当今的孩子，独生子女多，父母溺爱、娇惯，花钱大手大脚，生活铺张浪费，唯我独尊，害怕艰苦……这些缺点都是军人的大忌。为了祖国的千秋万代，苏宁和教导员单守金研究，利用军营里的空闲房屋，办少年军校，让孩子们到军营来，体验兵的生活，加深兵的观念。经请求团领导，得到支持。又和小学校取得联系，学校正是求之不得。

于是，少年军校办起来了。这是培养接班人的百年大计。

少年军校的学员们以解放军为榜样，处处严格要求自己，锻炼自己。

来军营时，很多人带来了数量可观的零花钱，可到军营一看，解放军叔叔没有一个人吃零食，他们也不买，把钱省下了。

开饭了，几盘菜上桌，孩子们抢着吃。可是，一看解放军叔叔你谦我让，他们也不抢了。

有的孩子在家时，早晨不爱起床，衣服要妈妈帮着穿，被子要妈妈给叠。到了军校，听见号声就起床，自己穿衣服、叠被子。

有的孩子在家是五体不勤，到了军营，受战士们的熏染，学会了刷碗、擦地、抹桌子。

一天，苏宁和战友们在外环北路工地上劳动，一个个汗流浃背。小学生们来了，苏羽同学搂住苏宁的脖子问："叔叔，你们干活一天得多少钱？"

苏宁笑了："我们是义务劳动，不要钱。"

"干活不给钱？"孩子们瞪大了眼睛，深感疑惑。

苏宁耐心地告诉孩子们，解放军是为人民服务的，要勇于牺牲和奉献。

牺牲、奉献，四个沉甸甸的大字撞击着孩子们的心扉。

在军校学习期间，苏宁组织孩子们参观了战士们的宿舍，那整齐的被褥，拉成一条线的毛巾，令孩子们惊叹不已。孩子们还参观了通信兵的架线、军犬训练、队列等。当他们参观那一排排整齐的大炮时，禁不住好奇地围了过去，战士们给他们做了操炮表演。有个孩子爬到了炮筒上，把他的红领巾扎在了炮筒上，同时，也献上了他的一颗心。

军校生活使孩子们增加了对军队的了解，加深了对军人的感情，也克服了自身的毛病。在他们办的板报中，有一个专栏《我的未来》，好多孩子都写文章表示将来要当兵。负责板报的宣传委员常莹问小伙伴们："有那么多好的工作，为什么偏要当解放军？"孩子们则反问："如果都像你这么想，谁又去当兵？"

少年军校深深地吸引着孩子们，当第二期开学的时候，已经参加过第一期军校的冯伟东同学还要来，谁劝阻也不行，没办法，第二期他又参加了。而且，处处以"老兵"的身份出现，成了同学们的榜样。

少年军校，像开在松花江畔的一朵奇葩，芬芳吐艳。

苏宁则是培植这朵奇葩的富有远见的辛勤的园丁。

→ 男人的一半是女人

★★★★★

夜风习习，繁星点点。

喧闹了一天的炮兵团营房进入了甜蜜的梦乡。

一营营部的灯光还亮着，营长苏宁和教导员单守金在研究属地干部的管理问题，他俩毫无倦意，从那兴奋的神采可以看出研究的问题已经有了眉目。

目前，部队里的属地干部（也就是家在驻地或在驻地找对象的干部）越来越多，这固然有它的好处，但也带来一些消极因素，例如：家庭的牵扯过多，老婆孩子有一点事就往部队打电话，干部三天两头就往家跑，严重影响了干部的在位，影响了部队的建设。针对这个问题，苏宁向教导员提出："让那一半也参加管理。"苏宁从哲学的观点，谈了自己的看法。他认为，军队基层干部的成长和进步，主要看干部本人的努力，这是内因，是根据；但是，外部的环境也很重要，像领导和同志们的帮助、培养、教育啦，也包括家庭和妻子的支持，这些就是外因，是条件。外因通过内因起作用，在一定的条件下，外因的作用很重要。家属，尤其是妻子，是干部身边的第一环境，回家和干部谈话的是妻子，吹枕边风的也是妻子。因此，要充分地利用这一条件，使其发挥积极的作用。为此，苏宁提出"闭环管理"，就是说，把干部的内因充分调动起来，把所有的条件都利用起来，抓好链条上的每一个环节，形成干部成长进步的大气候和小气候。这符合控制论的原理，能加强属地干部的管理，又有益于雕塑干部的心灵。

苏宁和教导员从本营干部的实际情况出发，制定出了几条措施。第二天，在全营干部会上，苏宁把"闭环管理"的措施当众宣布了。他和教导员还过细地做工作，分头找干部谈话，了解情况，提出要求，干部们表示理解和支持。

在此基础上，苏宁和教导员又把本营干部的妻子请到部队来开座谈会，讲了部队和上级对干部们的要求和希望，说明了"闭环管理"的目的和具体措施，请她们"那一半"参加管理。通过座谈，苏宁发现，干部们的妻子都很通情达理，有的妻子甚至比丈夫还有上进心，更希望丈夫在部队成才、扎根。有一位排长的妻子，因为自己没有考上大学，当了工人，心态不平衡，因此，寄希望于丈夫，希望他在部队干出一番事业，为自己争光。可她的丈夫平素留恋小家庭，隔三岔五就往家跑。实行"闭环管理"之后，这位排长的妻子有了"尚方宝剑"，苦口婆心地劝丈夫不要老往家跑，老是恋着老婆能有啥出息？这位排长见妻子的态度这样，以后就不再偷着往家跑了。

请"那一半"参加管理之后，全营的干部家属们都动了起来，枳极配合部队管埋干部。

一次，一营有个干部到哈尔滨市执行植树任务，任务完成后，他本应随着连队一起回营房。可他却中途下车，回到了家里。他的妻子见他回来，没让进屋，堵在门口问："你请假了吗？"

排长笑嘻嘻地说："请什么假呢？来植树，顺便回家住一夜。"

妻子横在门口不让进："那可不行，苏营长和单教导员跟我们讲过，家属要配合部队管理，不请假就回来，不好。"

排长仍是笑嘻嘻地："今天是特殊情况嘛，连队来植树，我又不是开小差。"

妻子仍不放入："连队植完树就回去了，你为啥不跟回去？"

排长嘻皮笑脸地："我不是想你么……"说着硬往里闯。

妻子坚决不让进，下了最后通牒："你回不回去？不回去我可就不客气了！"

排长仍是笑嘻嘻地缠磨："你就让我进去吧，下不为例。"

妻子火了："我让你进来！"她顺手操起一盆水，兜头泼在丈夫的身上。

排长见妻子如此坚决，想到自己确实没理，穿着被浇湿的军装，赶回部队去了。

苏宁知道这件事后，表扬了那位排长的妻子，并希望其他干部的妻子向她学习，真正发挥"那一半"的作用，为部队的建设立功尽力。

由于实行了"闭环管理"，干部的事业心、责任心普遍增强，全营干部再也没有发生私自回家的问题。

实践证明，"闭环管理"是可行的。苏宁和单教导员总结了这方面的经验，写出了一篇研讨文章：《让那一半参加干部的管理》，文章着重从三个方面讲了这一措施的好处。一是大小气候对干部的影响，二是家属管理的客观性，三是家属管理的好处。这一措施逐渐被推广。

➡ 全军最老的少校

★★★★★

1984 年，军校向苏宁敞开了大门。过去，苏宁一直渴望进入军校系统地学习，可是没有机会。眼下，机会来了，他却面临着一种抉择：去，还是不去？

△ 苏宁就读的宣化炮兵指挥学院

　　部队马上就要精简整编了，干部多，位置少，这个时候去军校，不仅影响提升，而且毕业回来未必能有好的位置。有些人劝苏宁不要去学习，一走就是三年，这三年不知部队会发生多么大的变化，会给每个人的提升提供多少机会呀。苏宁权衡了利弊，还是执意要入学，他说："人不能患得患失，从长远看，多学点知识对部队建设总是有好处的。"

　　回到家里，苏宁把自己准备入学的打算和岳父武守端谈了，征求他的意见。岳父反倒问他："你怎么考虑？"

　　苏宁说："我还是想去，这次入学，第一年补习文化，后两年学习炮兵专业，加起来就是三年。对我的业务提高大有好处。职务提拔可能会受些影响，但是，不能只顾眼前，要想得长远些。部队要实现现代化，没有科学文化知识怎么行？为了明天，我要去学习。"

岳父的态度很明确："你学习，我赞成。"

可是，妻子武庆华却不希望苏宁走，一是孩子小，才1岁，需要苏宁拉扯一把，再就是她也担心入军校会影响提拔。

把妻子一个人丢在家里，带着孩子又要工作，又要料理家务，苏宁深感歉疚。至于提拔不提拔，他考虑不多。他对武庆华说："如果现在就把我提拔到很高的岗位上，我水平不够，不能胜任，那就更难受。还不如先去学习，打好基础，准备将来完成好党和人民交给自己的工作。"

武庆华是个通情达理的人，见苏宁主意已定，也就不再阻拦了。

苏宁进入军校以后，学习非常刻苦，他不浪费一点时间，见缝插针地学习。

张建国也是炮兵团来宣化炮兵指挥学院学习的。有一个星期天，他拉着苏宁到宣化人民公园去划船，本想换换脑筋，轻松轻松。可是，苏宁一上船就掏出一本书学起来，根本不理睬张建国，弄得张建国很扫兴，这时，他才想起向人家道歉："对不起，你划你的，我看看书。"

在校期间，苏宁勤动脑、勤阅读、勤求教、勤动笔。经常读书写作到零点，有时甚至挑灯夜读到凌晨2点。学员队的队长李英雄心疼苏宁，经常催他注意休息，他总是说："没有知识怎么保卫祖国呀！"由于他学习努力，每次考试，他的专业课分数都在90分以上。李队长让苏宁担任了学员队军事理论研究小组组长，他很负责，两年中组织了15次学术讨论会。

苏宁喜欢写军事论文，在校学习，能随时得到教授们的指点，具是如虎添翼。他思想超前，看问题敏锐。学院的战地教授丁宜兴就说过，苏宁的论文总是富有新意，无论是对外军炮兵的研究，还是对我军炮兵现状与未来发展的研究，都有独特的见解。他与学友刘建新合写的那篇论文《炮火袭击中的非物质战斗力损耗》，首次提出了非物质战斗力损耗理论和概念，填补了军事运筹学研究的空白，为动态地研究军队作战能力提供了一条崭新的途径。

苏宁不仅有才华，而且勤奋。他在完成学业的同时，利用业余时间写了大量的军事论文，在他发表的和未发表的论文中，有很大一部分是在军校完成的。

苏宁在校时除了学军事，也关心部队的思想政治工作。他经常找学院政治理论教研室副教授李学瑶，共同探讨部队新时期的思想政治工作问题。他常讲，马列主义、毛泽东思想以及我党几十年来的政治工作原则，都是经过实践检验的。在新形势下，只要做些改进，依然适用。

1987年秋，苏宁毕业了。虽然职务没提升，但他不后悔，因为他学到了知识，这是永久的财富。

在这之前，苏宁只扛着少校肩章。尽管他是团的参谋长，尽管他是有着22年兵龄的老兵。

他的中校军衔是在他牺牲的前几天才批下来的。

在他活着的时候，在他渴望为军队的现代化建设纵横驰骋的时候，他没有来得及佩戴中校军衔。对此，苏宁并不遗憾。苏宁不止一次地对战友们讲："一个人的价值，特别是军人存在的价值，不能以个人得失来衡量，而应该看他对军队、社会贡献的大小来衡量，我并不是为了立功受奖，更不想捞到什么好处，而是为了尽自己的责任。我从小在部队长大，相信在部队是有用武之地的。"

的确。部队是他大显身手的地方，他不计较职务快慢，像一头牛，默默地耕耘，无私地奉献。吃的是草，挤出来的却是奶。

他当营长时，他的教导员是单守金。然而，他当连长的时候，单守金才是个班长，他的兵龄也比单守金长。但这并不影响他们之间的合作，少校营长和少校教导员配合默契，工作很有成绩。

苏宁有时也很直率地承认："我大概是全军最老的营长。"成正比的是他用最大的干劲作出了第一流的成绩。

苏宁很爱这支军队。可是，有人却这样问他："你爱军队，军队爱你吗？"

苏宁坦然地回答："我要用自己的行动赢得军队对我的爱。"

妻子武庆华自然很关心苏宁的职务，有时也嘀咕几句："你兢兢业业干了那么多的事情，怎么就没有人看得见呢？"

苏宁笑着说："做工作本来就不是为了给人看的嘛。"

武庆华关切地提醒苏宁，必要时，把自己的情况向上级反映反映，你不反映，领导就不会注意到你。

苏宁摇头，他说这类事情怎么好意思自己去向领导说呢？他说武则天死后立的是无字碑，是非自有公论，"暂时吃点亏也没啥，时间长了，人们会认识我的"。

本着这一原则，这位少校参谋长对职务偏低心安理得，一直到死，无悔无怨。

跨世纪军人

→ 兵之梦

★★★★★

朋友，你可能见过"腰缠百万"的富人，可是，你未必见过"腰缠百万"的军人。

我见过。

他就是苏宁。

在苏宁生前用过的那条军用腰带的背面，依次画着 14 种兵器，诸如:火炮、坦克、飞机、军舰、导弹……还有很难叫出名字的未来战场上可能会出现的新式武器。

这些兵器都是苏宁亲笔画的。

这是兵之梦!

苏宁梦寐以求的是早日实现我军的现代化，他深深地懂得，未来战争，既是军事思想、军事谋略的较量，也是高技术与高技术的对抗，落后就要挨打。他腰带上的 14 种兵器，不过是他实现我军高科技设想的一个缩影而已，代表了全军几百万官兵的共同愿望和追求，从这个意义上说，苏宁不是"腰缠百万"吗？

苏宁是个唯物主义者，他知道中国还很穷，还不可能拿出很多的钱来装备部队。要立足现有装备，通过发挥人的聪明才智，使之发挥更大的效能。因此，他梦想我军的现代化，却从不做黄粱梦，而是脚踏实地地工作，为加快我军现代化建设的步伐推波助澜。

苏宁在训练中发现土质的抗力对火炮射击有影响，他抓住这一课题不放，和军械修理所的同志一起反复研究，设计研制出了能够适应各种地面土质条件的综合驻锄板，从而提高了射击的精度。

炮兵团驻守寒区，一到冬天就要同冰雪打交道。有一弊，也有一利，苏宁发明了一种野战爬犁，是自己掏钱买木材做的。这种爬犁可以携运炮弹、行装以及其他用品。但是，木头爬犁比较沉，苏宁进行了改进，买来合金铝做成爬犁，轻便结实。

1982年6月，盼望已久的红箭–73轨道式训练模拟器发下来了，导弹连的射手们都来了情绪，纷纷上机操作训练。然而，时隔不久，他们又不愿意上轨道式模拟器了，原因是长时间全身扒在水泥地板上仰着头操作，过不了半小时后脖子神经就麻木了，甭说是专心训练，就连脑袋都支撑不住。结果，轨道式模拟器处于半搁置的状态。

比较现代化的训练器材起不到应有的效果，这不是很可惜吗？

苏宁知道了这件事，琢磨了半天，对连长王福堂说："把整个轨道架高怎么样？"

王连长回答："我们也是这么想的，但自己无力解决呀。"

"没力量解决不行，要创造条件解决。"苏宁说，"这是关系到训练效率的大问题，我帮你们解决。"当场他就同官兵们研究起各种材料、尺寸的选定。

之后，苏宁亲自同有关部门协调，制作了几个钢架子和木板斜面。安装的那天，他亲临现场指导。模拟器的整个轨道被架高了，射手们可以坐在凳子上进行操作。这样一来，脖子就不再麻木了，一个人可以连续进行几个小时的训练，大大提高了训练的成绩。

当然，苏宁更重视对炮兵未来战术发展的研究。他的论文《2000年炮兵战术发展预测》则突出表现了他的现代化意识。根据他的预测，从20世纪90年代到21世纪初，炮兵将进入一个新的"振兴"时期，武器装备将发生质的飞跃，并给传统的炮兵战术以巨大的冲击，炮兵在未来火力战中将成为地面战场上的主角。

为了承担起未来的"主角"任务，苏宁不懈地努力着、拼搏着。虽然，他的美梦未能实现，但是，在为实现军队现代化而进行的宏伟进军中，留下了他勇敢攀登的身影。

俗话说："诗言志。"那么歌呢？是不是歌应该唱出人的心声？

苏宁生前曾谱写过两首歌，一首是《军旗颂》，一首是《人民炮兵之歌》。通过这两首歌，吟唱出了他对人民军队的无限热爱和对人民炮兵的深厚感情。

一个军事干部，居然会作曲！人们对此惊叹不已。

应该说苏宁是比较聪明的，但他绝不是音乐"先知"，在他的书架上，就有一本关于作曲知识方面的书，已经看得很旧了，显然，他在钻研。只不过，他的悟性很好，一点就透，再加上抑制不住的时候要从他的喉头奔涌出来的激情。

苏宁太爱这支军队了，他说的是军队，写的是军队，看的是军队，干的是军队，只差没唱这支军队了。他想唱，他在默默地构思《军旗颂》的词谱，他在回顾中国人民解放军的光辉历史。

听！南昌城头一声枪响，硝烟烽火中诞生了八一军旗，是烈士的鲜血把你染红，是井冈山和延河水把你哺育。看！滚滚铁流二万五千里，枪杆子里面出政权，人民的共和国巍然屹立。继续革命，不停地前进，改革开放的年代，军旗又肩负起新的使命，保卫和平，保卫胜利，永远是无产阶级专政的坚强柱石。当上述的这些立意和词句在苏宁的心头逐渐清晰的时候，他拿着歌词去找政治处主任周立柱。周主任非常感兴趣，对他的歌词进行了润色。随后，苏宁开始谱曲，看着他那又哼又唱手舞足蹈的样子，把公务员逗乐了。这期间，正赶上沈阳军区《前进报》和军区文化部联合征歌，苏宁就把他与周立柱共同作词，由他谱曲的《军旗颂》投上去了，结果一箭中的，发表在 1990 年 8 月 14 日的《前进报》上，使之在更大的范围传唱开来。

为了歌颂"战争之神"，苏宁又作词谱曲了一首《人民炮兵之歌》，歌词是这样的："八一军旗迎风飘扬，我们的战歌多么嘹亮，车轮滚滚奔向前，我们是人民的炮兵，无上荣光！向前！向前！钢铁洪流不可阻挡。向前！向前！党指引胜利方向……"

➡ 时刻想着上战场

★★★★★

1979 年 2 月，我国的形势骤然紧张起来。

在南疆，我英勇的中国人民解放军奋起反击，保卫我们神圣的国土不被侵犯。在北疆，为防止突发事变，统帅部决定调兵遣将，严阵以待。

驻哈尔滨某部奉命调往北疆。这对于渴望杀敌立功的苏宁来说，既兴奋又紧张。

当年，珍宝岛燃起战火的时候，保卫祖国安全成了年轻人的时代重任，苏宁放弃了继续念书的机会，穿上了军装。可惜，他没有被分配到前线部队，而是分配到远离战场的驻齐齐哈尔市的炮兵团。他没能够到枪林弹雨中冲锋陷阵，也没有看到战场上的流血和牺牲。他为此而感到遗憾。但他并不消沉，为了将来上战场，他努力钻研军事技术，时刻准备着。

机会终于来了。这次炮兵团开赴北疆，大

概要真刀真枪地拼搏了。苏宁摩拳擦掌，要在火与血的战场上去经受洗礼，一展男子汉的宏伟抱负。

在师机关大楼的门前，苏宁碰上了炮兵团的副营长林永长。苏宁入伍时就和林永长在一个营，后来当干部后又同在一个团，接替林永长当指挥连长，林永长调到一营当副营长。彼此很熟悉，很要好。苏宁是刚刚从炮兵团调到师直属队任指挥连长的，新组建这个连队的目的，就是为了这次紧急战备任务，这就更增加了扬鞭催马上战场的味道。

林永长坐在一辆大篷车的后面，他和师里派出的打前站的同志一会儿就出发。此时，他心里也充满了战斗的激情，军人，就要去打仗。临出发前，他把遗书都写好了，表现了为国捐躯的豪情壮志。他的第二个孩子就要出生，妻子让他给即将问世的孩子起个名，他却说："算了吧，你爱起啥名就起啥名吧，我只想着上战场，别的啥也顾不上了。"

林永长正想着心事的时候，苏宁走到了车跟前，亲热地对林永长说："副营长，我来给你送烟。"他把手里拿着的一条"大前门"香烟一分两半，给林永长5盒，自己留5盒。林永长奇怪地问："苏连长，你从来不抽烟，还留烟干啥？"

苏宁笑了："也许战场上能用得着。"

林永长点点头，他没有战场经验，看有的电影和电视剧上写的，在战场上，往往一支烟头，大家一人抽一口，就能提神鼓劲，焕发出杀敌的勇气。

林永长掏出钱来，要给苏宁5盒烟钱。苏宁不收："你要是给我烟钱，我就不给你了。"

△ 苏宁（左）和战友们一起在林海雪原进行适应性训练。新华社发。

林永长只好收起钱。

大篷车按响了喇叭，这是出发的信号。苏宁紧紧握住林永长的手："战场上见！我们争取杀敌立功，决不给祖国和人民丢脸。"

大篷车开走了。不久，苏宁带领师直指挥连也开到了边防上的指定地域，他们枕戈待旦，密切注视着边疆上的风云。

然而，冲锋号一直没有吹响。苏宁和他的战友们又撤回原来的营房。

很遗憾，苏宁和林永长相约在战场上见的愿望落空了。

说遗憾，也不遗憾，正是由于苏宁和三百万官兵组成的钢铁长城，维护了祖国的安宁，保卫了祖国的和平。

和平——军人的最高奖赏，苏宁对此同样有着深刻的理解。

但是，为了和平，军人必须秣马厉兵。可是，部队的现实情况又令人担心。本来，军事训练应该放在战略位置，然而，却常常是略占位置。

苏宁当团参谋长后，曾和政治处主任周立柱有过一次交谈，他们的话题之一是，如何看待部队流行的一句话："一抓钱，二抓安全，军事训练抓几个尖子连。"

苏宁说："这虽然是个别现象，但这种人为地造成军事训练滑坡是令人痛心的。民以食为天，军以训为本，这是天经地义的事。军在国稳，军强民安。在当代国际各种政治力量重新组合的新形势下，我国外交政策、对外经济发展，不能没有强大的军事力量来捍卫祖国的尊严。因此，加强军队现代化建设，官兵人人有责。我们千万不能彷徨和动摇，来不得半点的犹豫和等待。"

他们的话题之二是如何看待"国防费紧张，训练费紧缺，有钱舍不得往军事训练上花"的现象。

苏宁说："有钱要舍得往军事训练上花，有劲就要往军事训练上使。兴军强武既要依靠上面的正确决策，又要基层充分发挥自己的优势。有的单位会议室的沙发不断更新，训练设施陈旧却无人过问；军官住宅可达全国一流水平，金戈铁马长期日晒雨淋却无人解决；餐桌上的山珍海味屡禁不止，训练器材短缺却无人投资。我认为这是十分可怕的、危险的，我们不能把军事训练的中心变成'空心'，否则，一旦发生战争，我们能够上战场吗？"

苏宁时刻想着上战场。

不想上战场的军人，能担负起军人的使命吗？

⊕ 攻 关

★★★★★

风雪送人归。踏着地上厚厚的一层积雪，苏宁疲惫地回到家里。

岳父武守端关切地询问起这次野营拉练的情况，苏宁告诉岳父总的情况是好的，士兵在严寒中得到了锻炼。可也有不尽人意之处，那就是冬季露营的取暖问题没有解决。

这已经是个老问题。每次的冬季拉练，都有雪地露营这个项目。黑龙江的冬天，朔风呼号，雪花飘舞，冰面上都可以跑汽车。士兵们打雪洞过夜，戴上皮帽子和口罩睡觉，身上压着皮大衣也不觉得暖和，早晨起来，一个个眉毛上挂了霜，像是白胡子老头。更有一些人冻坏了手脚，影响了正常的训练。作为参谋长，他对此深表忧虑。

武守端这位老兵当然懂得严寒对部队战斗力的影响，他问苏宁："就不能想想办法吗？"

苏宁叹了口气："国家穷，靠上级解决眼下不可能，不过……我想试验搞一种帐篷……"

"这个想法很好嘛，"岳父赞同，"我们应该为国分忧，你可以设计图纸，我们给你帮忙。"

说干就干，很快，苏宁就拿出了"多功能帐篷"的设计图，这是他自己琢磨出来的，参照了现有帐篷的优点，又加上自己的某些设想，总的原则是功能多，保温性能好，体积要小，拆装要方便。

武守端看了图纸，很欣赏。于是，他的家便成了苏宁研制多用帐篷的实验场和加工厂。

苏宁找来一些铁棍和三角铁，让团里的修理所给焊成支架。没有帆布，他就把家里的旧床单找出来代替。可是，他不会蹬缝纫机，找裁缝店去缝制要花很多的钱。岳母孙爱芹看出了女婿的难处，就提出由她用缝纫机做。苏宁本不想麻烦岳母，他和妻子、儿子住在岳母家，够老太太劳累的，做帐篷这类事再打扰岳母，于心不忍。可是，岳母也心疼女婿，不想让苏宁为难，自己受点累算不得什么，硬是揽下了这个活计。

用缝纫机扎制帐篷，可不像做一条裤子那么容易，工作量大不说，拖拖拉拉的一大片不好摆弄，岳母一干就是一身汗，苏宁看在眼里，是又感激又心疼。

一天，苏宁拿出100元钱给岳母，岳母一见就不乐意了："咋的，你是雇我给你们干活吗？"

苏宁笑嘻嘻地说："妈，我不是这个意思，这是我孝敬您的一点心意。"

苏宁说的是心里话。他很尊敬岳母，她不仅帮他照料武庆华和任韧，对他也像对亲儿子一样。尤其是这次缝制帐篷，她付出了很多劳动，又不让你报答。刚好，他前几天给爸爸买了一件羽绒服，花了近100元。考虑到岳父和岳母不需要羽绒衣服，就没有再买羽绒服，于是掏出了100元钱给岳母。

孙爱芹不收："留着给任韧买玩具吧。"

苏宁仍坚持："妈，是这样，我给我爸买了件羽绒服，您不要羽绒服，就收下这100元吧。不然，我心里也不平衡啊。总得让我一碗水端平啊！"

孙爱芹只好收下了。其实，这100元中就包含着苏宁偿还岳母为缝制帐篷付出的劳动。

篷布缝好了，苏宁要拿到院里去支，岳父说："就在屋里支吧，外面地上有泥土，不方便。"老岳父和苏宁把客厅里的沙发、桌椅全都搬了出来，把铁架插进底座，往上蒙篷布。武庆华和儿子任韧也来帮忙，一人扯住帐篷的一角，起固定的作用。就这样，篷布蒙上去，又卸下来，再蒙上去，翻过看看，再正过去试试，一遍又一遍，搞得客厅里乱七八糟，外人进来都插不进脚。

经过反复的研究、修改，一顶冬季用的多用帐篷制成了。支架用的是拉炮的红岩牌汽车大厢上的支架，随时用随时可以取下来，体积也就像汽车大厢那么大。

多用帐篷的功能到底如何呢？苏宁决定到野外试一试。

1991年元旦钟声刚刚敲过，炮团又被拉出去进行演习。正好，苏宁带去了这顶帐篷。

一天，炮团来到了老爷岭脚下的赵一曼烈士墓碑前，要在这里宿营。苏宁从小就很崇敬这位抗日英雄，站在苍松翠柏之间的烈士墓碑前，他的心潮难平，喃喃自语："不朽的英灵啊，你的后来人走来了。"

多用帐篷支起来了，三个人只用了一分钟，可见其轻便简易的程度。当夜，室外的温度是零下30摄氏度，经过小型发电机加热，帐篷内的平均温度是零上20多摄氏度，最高时达零上27摄氏度。行军时可以罩在汽车上，解决了行军的御寒

△ 苏宁（右）向战友传授雪地侦察技术。毕强摄

问题。

松涛轰鸣，像是赵一曼烈士发出的喝彩声。

实验成功了，苏宁研制的帐篷被命名为"90式多用野战帐篷"。

1981年，苏宁调到师机关任炮兵科参谋。一天，师李参谋长走进了炮兵科的办公室，他来找邹科长谈工作。李参谋坐下来后，一边吸烟，一边和邹科长谈着。一支烟抽完了，他见桌上有个铁罐头盒，里边有些烟灰之类的东西，就顺手拿过，把烟蒂往铁罐头盒子里一按。突然，一阵硝烟和火光从罐头盒子里升起，把李参谋长的手和眉毛都燎了。

李参谋长知道这又是苏宁的发明试验。

参谋长是了解苏宁的，知道苏宁是个小小的发明家，有很多研究成果。

后来，苏宁又动脑筋想："晚上怎样捕捉炸点呢？"因为这个射击捕捉器上的齿太小太细，晚上根本看不清楚。苏宁就在捕捉器的横棍上安上小灯泡，通电以后灯泡一亮，就能看见齿了，夜间训练的难题就解决了。大家把安了灯泡的捕捉器命名为"夜间射击捕捉器"。

由于苏宁善于发明创造，大家都叫他"小发明家"。一天，苏宁向师里的一位主要领导同志汇报积压在胸中许久的一个想法。

"首长，我想把计算机引入咱们的决策系统……"

那位领导同志一怔，盯住苏宁，良久不语，这可是难度很大的课题啊。

苏宁萌发的这个想法，是在参加师里举行的首长机关带部队的大型演习当中产生的。作为一名参谋，他深切感受到我军传统的指挥决策方式很难适应现代化战争的需要。于是，便大胆地提出编制"计算机辅助决策系统"。经过师里领导的研究，认为苏宁的想法很好，这种主人翁的进取精神应该支持。

但是，要攻克这样一个指挥现代化系统的高深课题，对于入伍前初中还没毕业的苏宁来说，遇到的困难是可想而知的。但苏宁毕竟是苏宁，他认准的路非要一直走下去不可，哪怕是荆棘丛生、虎狼当道，他也决不后退，义无反顾地向前冲击。

当时，国内计算机技术刚刚起步，整个哈尔滨市只有几家大学和科研机构才有计算机。编制军事行动的数学模型，需要有关合同作战和军事运筹学的知识，他没有，但不气馁，虚心地向掌握这方面知识的同志们求教。他像是着了魔，入了迷，用蚂蚁啃骨头的拼劲去攻克一道道难关。他的兜里总是揣着小纸片，有了新的灵感就及时捕捉住；他寝室的床上、桌子上常常摆满了各种书籍，来了客人找个座位都困难；他跑大学，去研究所，和专家们广泛联系，学习计算机语言，就连妻子书信的背面也布满了演算公式。经过三年多时间的艰辛努力，到 1984 年他终于完成了《摩步师攻防作战计算机辅助决策系统》的总体设计方案。这一方案被上级机关认定为军队指挥手段改革的重要突破口。依据苏宁提出的总体设想，总参、军事科学院和国防科技大学等有关部门与军、师共同组织力量完成了这一改革成果，在全军引起很大反响。

海湾战争的启示

海湾战争打响了

★★★★★

钢铁与钢铁的撞击，高科技与高科技的对抗，大纵深、立体化、全方位的战场较量。

海湾战争在为全世界的军人上课。

中国的军人紧盯着电视屏幕，注视着这场战争。

毫不夸张地说，所有的中国军人都受到了震动，产生了危机感、紧迫感，他们在思考中国军队的未来，眼睛盯住了 2000 年。

那么，又有多少人在思考和震动之余，付诸实际行动了呢？

苏宁是有心人，透过海湾战争的硝烟，他想到很多，看到很多，并付诸行动之中。

晚上，他常常彻夜难眠，苦苦思索。

祖国把剑与盾交给了我们这一代军人，一个不容回避的问题始终萦绕在他的脑际：如何打赢未来的战争？作为军人，随时用鲜血和生命保卫祖国，苏宁有着允分的思想准备。那么，仅仅有牺牲精神就够了吗？如果没有科学的头脑和现代化的军事装备，在未来战场上能打胜仗吗？

在第一次全军运筹学会议上，一位年轻的少校军官正在宣读他的论文：《用对策论研究选择炮火反击最优方案》。专家学者们认为，这一论题是运用对策论原理，以数学模拟的方法解决作战问题的成功尝试。人们用掌声由衷地感谢和祝贺这位少校军官。他就是苏宁。苏宁写了很多论文，他的总的指导思想就是一切为了实战，只要是有利于未来作战的东西他都感兴趣。他的这篇论文就是从未来战争考虑，对炮兵火力运用的最佳时机、最佳部署，提出了数理根据。

搞学术研究是这样，就是领导平时的军事训练，他的指导思想也是练为战。

炮兵团有一个装备齐全的反坦克导弹连，这是集团军内唯一的装备了此种导弹的连队。物以稀为贵，正因为是唯一的，所以整个集团军都对这个连队寄予厚望。因此，这个连队的训练也成了苏宁非常关心的一个问题。苏宁经常对这个连队的干部战士们讲，军事训练一定要以提高战斗力为目标，着眼于未来，着眼于实战，要扎扎实实地练兵，不能掺水分，更不能搞花架子。他经常深入到这个连队的训练场，同官兵们一起研究解决训练中出现的问题，帮助解决具体困难。

反坦克导弹的射手不仅要具备敏捷、果断的反应能力，还要具备临危不惧、镇定自若的心理素质，以抗外界干扰，保证射击的较高命中率。以前，这个连队的射击成绩都不错，但那都是在比较理想、平静的条件下进行的，没有在复杂的、接近于实战的环境下进行射击训练，对外界抗干扰的能力如何，苏宁的心里没有底数。他经常这样想，千里马要到大草原上去奔跑，温室里长成的花草是经不起风吹雨打的，不在复杂的条件下练兵，就不能适应未来战争。于是，他在 1990 年 6 月向导弹连提出了进行声响模拟训练的建议。

导弹连认为苏宁的建议可行，又进行了深入的研讨，官兵们各抒己见，又提出好多想法，苏宁把大家的意见收集起来，进行了整理，再根据战场上可能出现的一些情况，拟出了声响模拟计划。为了得到模拟声响，他发挥了自己联系面比较广的优势，从不同的地方，包括训练场用录音机录下了各种炮声、枪声、飞机马达声、坦克轰鸣声……在苏宁的具体指导下，模拟声响的录音带编辑出来了。从此，导弹连在进行导弹射击模拟训练时，射手的耳边就响起了各种战场模拟声响。为了强化射手抗干扰的心理素质，苏宁还提出了在鞭炮声中进行导弹射击模拟训练的方案。

上述的种种训练，对于强化士兵的心理素质无疑是有用的，但这毕竟是模拟训练，那么，真要是上了战场又会如何呢？苏宁一直在考虑搞一搞类似于战场氛围的声响干扰训练。机会终于来了。打靶场上，一枚枚导弹拖着长长的火舌飞向指定的目标。这是反坦克导弹连正在进行实弹射击考核。因为平素进行了大量的声响模拟训练，此时的打靶场上，任何一种声响都不能在士兵的心里产生干扰，射击的成绩都不错。

突然，轰隆隆一阵巨响，脚下的大地在颤抖，一股蘑菇云从附近的山坳里升腾起来。正在射击的士兵，有的人手抖动了一下，有的人心慌了一阵，还有的情不自禁侧身看看爆炸处升起的烟尘……他们搞不清楚导弹考核的现场，怎么会突然响起爆炸声。

这是苏宁带领一些人在放炸药，对射手们进行声响干扰。

他要看一看近似于战场的环境会对射手们的心理产生什么样的影响。

实践的结果表明，爆炸声响对老射手影响不大，对新射手的影响较大，有个新射手听到爆炸时手一抖，导弹打偏了。

在训练中实施声响干扰以来，反坦克导弹连的射手们抗外界干扰的能力大为增强，训练的成效非常明显。大部分射手很有信心地说："如果现在上战场，也有把握打得准了。"

这其中，凝结着苏宁的心血。

→ **从实战出发**

★★★★★

1989年底，哈尔滨工业大学要开一次科研新成果技术鉴定会。该校的一名研究人员搞出了一种激光警戒干扰系统，属于光电对抗，也就是应答式欺骗干扰。说白了，这个系统就是对付敌人导弹的，当敌人发射来导弹的时候，我方实行应答式欺骗性干扰，把敌人的导弹引诱到大海的上空或者沙漠的腹地，使其爆炸，保护我方的重要战略目标。毫无疑问，这一系统的成功与否，关系到部队的现代化建设。

考虑到这一系统是直接为国防建设服务的，哈工大派人到驻哈军事机关联系，希望部队能派一名专家代表军方参加鉴定会。可是，部队没有当即答复派谁去，只是表示一定积极协助。

派员参加这样的鉴定会，是非常严肃的，派出的人员不是代表他个人，而是代表军方，是作为"军事专家"出现的。因此，这个人选必须是有相当的军事理论水平，严谨的科学态度，立党为公的正派作风。选来选去，苏宁被选中了。

鉴定会开幕之际，苏宁坐在了专家席上，他不卑不亢，不骄不躁，以标准的军人姿态出现在这些科研人员面前。当会议的主持者向与会人员介绍各位专家时，苏宁引起了人们的注意，他年轻英俊，意气风发，外表就给人留下了良好的印象，但不知这位"军事专家"的军事知识如何。

人们注视着鉴定会的进展，也注视着苏宁这个人。

苏宁把这次会议当成一次难得的学习机会，来了那么多的专家、学者，平时想请还请不到哩，现在和他们坐在一起，天赐良机。会议之余，他主动地向各位专家请教，把自己搞不清楚的一些问题拿出来磋商。当然，他的主要心思还在鉴定会上，认真地听，认真地记，认真地思索，认真地讨论。他知道自己最后是要代表军方在鉴定书上签字的，决不能掉以轻心，更不能稀里糊涂。

总的来看，这项科研成果性能良好，技术先进，具有远大的发展前景。很多专家和学者大为兴奋，纷纷在鉴定书上签了字，有的还写上热情洋溢的赞语，诸如："国内首创"、"填补了空白"等等。

苏宁也很兴奋，如果这种系统早日装备到部队，肯定能加强国防力量。但是，他还在考虑这样一个问题：这种系统从设计到制作，到实验，包括此次的鉴定会，都是在室内进行的，在常温下它的性能是稳定的，确实很好。但是，未来战争不都是在常温下进行的，夏天要打仗，冬天也可能打仗。苏宁所在的部队就驻守在寒冷地区，如果这个系统装备在他的炮团，在数九寒天中，它的性能还可靠吗？基于这一考虑，苏宁向会议提出了把该系统拿到室外进行冷冻的建议。

苏宁的建议振聋发聩，令专家学者赞叹不已，他们确实忽略了这一点。会议认为苏宁的建议有独到之处，有实战意义。于是，接受了他的建议，把这套系统搬到室外，进行冷冻实验。

系统在外面冷冻着，室外的气温是零下二三十度。可与会者的心却激荡不已，他们从苏宁身上看到了一个有责任感的当代军人的精神风貌。

冷冻了两个多小时以后，这套系统又搬回室内，再次测试，性能良好。

在众人赞赏的目光下，他庄重地签上自己的名字——苏宁。

苏宁就是这样，一切着眼于战争，力争走在战争的前面。为此，他的军事学术研究也紧紧围绕着战争而展开。

　　迄今为止，人们评估炮火杀伤破坏作用时，往往惯于对有形事物的研究，仅限于炮兵火力所致物质损耗的分析，而炮兵火力所造成的非物质战斗力损耗却鲜为人知。于是，苏宁向这个课题发起了冲刺，他与总参炮兵部的刘建新同志合写的论文《炮火袭击中的非物质战斗力损耗——兼论即时战斗力方程及其在战术中的应用》，填补了运筹学对战场非物质杀伤作用定量分析的空白，使运筹学对战场力量的动态研究深入到一个新的领域。他写的《2000年炮兵战术发展预测》，对炮兵发展趋势简述了自己的看法，表现了他的超前意识，同志们夸奖说："苏宁是跨世纪军人。"

→ 激光测速

★★★★★

　　靶场上，一门122毫米口径的榴弹炮威武地蹲在那里，炮口不是指向高空，而是水平位置。在炮口的前方10米处，苏宁和哈工大的韩雅轩、党九彪、袁晓文等同志正在固定一个边长为70厘米的正方形金属框架，这是一个激光发射器，用来测试炮弹初速的。框架固定好后，苏宁让几位老师到隐蔽处去躲一躲，他则留下来，站在火炮的旁边，观察仪器上的指针记数。留在火炮旁边是有一定危险性的，万一炮弹击中金属框，就会爆炸，那后果是不堪设想的。

　　"轰！"一声巨响，炮弹出膛了，还好，是从金属框架的中间穿过的。苏宁观察到了仪器上的数字，虽然还不是可靠精确的数字，但却为成功打出了可喜的第一炮。

　　这项试验叫"激光测速系统"，是苏宁提出来的，是炮团和哈工大联合研制的。

1989 年 12 月 27 日，苏宁作为军方代表在哈工大参加了《激光警戒干扰系统》的鉴定会。会上，他受到启发：可否利用激光测试炮弹的初速呢？这是萦绕在他脑海许久的问题。会后，他没有走，问哈工大的韩雅轩副教授："能否用激光测试炮弹的初速？"

韩教授想了想，说："我想应该是可以的。不过，用它测试炮弹初速有什么作用呢？"

"这作用可就大了。"苏宁说，"准确地测试炮弹的初速，这是炮兵作战和训练中经常遇到的一个问题，测试不准，既影响射击的精度，又容易浪费炮弹。特别是在未来的战场上，这个问题如果不解决，就会贻误战机，造成难以预料的损失。"

"既然如此，倒有必要试一试。"韩教授等几位老师对此产生了兴趣，并且和苏宁进行了深入的交谈，双方都有合作的愿望，想共同努力，携手解决这个问题。

两天后，苏宁来到了哈工大的激光实验室，把他设计的激光测速系统的草图给韩教授等人看，尽管这个草图是不成熟的，但却融进了苏宁的热情和责任心。苏宁向几位老师谈了三点建议：一、这个测试系统要简便、实用，便于战士操纵，阴天、雨天、冬天、夏天都能用。二、成本要低，每个连队都能装备得起。三、技术上要过硬，不能装上不好用或者一用就坏。

根据苏宁的建议，苏宁和韩教授等人达成口头协议：部队提供实验场地、炮弹，哈工大的老师们负责研制。

因为这个课题是自发搞的，哈工大没有定项费，炮兵团也没有专项拨款，这样，搞起来就有很多困难。

有人劝苏宁："这么大的难题，科研单位都拿不出解决的办法，你花那么大的精力去搞，不是自寻烦恼吗？好则无功，坏则有过，何必担那么大的风险呢？即使成功了，又能给你带来多大的好处和实惠呢？"

苏宁却说："作为一名基层军事指挥员，这个难题我完全可以不去考虑，但我总感到，当前国家和军队困难很多，为军队的现代化建设克服困难，人人有责。因为中国军队现代化建设的大事，需要成千上万的官兵当好纤夫，从各个不同的位置为车轮滚滚向前加力。假如每个官兵都是一把现代化建设的干柴，那么，中国军队的强大之火、胜利之火该有多大呀！我什么也不图，人生留给自己最宝贵的遗产应该是重于泰山的骨灰；留给人类社会最有价值的遗产，应该是问心无愧地告别。"

为了研究的顺利进行，苏宁经常坐公共汽车去哈工大，有时赶不上吃饭，就啃几口面包，为了掌握激光知识，他买来那么多的书，从基础学起，一步一个脚印地攀登。

一天，苏宁给韩雅轩等人送来 1000 元钱，作为这一课题的立项费。开始，老师们不收，他们知道炮团经费紧张。可是苏宁说，只有立了项，此课题搞起来才名正言顺。但他也清楚，1000 元钱够干啥的？不够买一件机器零件的，如果坐飞机去广州，来回的机票都不够。哈工大的其他科研项目，立项费有许多都是十几万元、几十万元。参加研究的韩雅轩教授、党九彪老师、袁晓文工程师不但拿不到一分钱的好处费，甚至还要倒贴。他们是凭着对军队的热爱在为军队作贡献。老师们的高尚情操对苏宁也是个激励，更加坚定了他把这一项目搞成功的决心。

经过艰苦的努力，课题组进行了三次实弹射击和五次枪代炮实验，掌握了大量的第一手材料，正向成功迈进。

1991年4月18日，韩雅轩教授给苏宁打来电话，约定21日再联系一次，商定第四次实弹射击的有关问题。

可是，就在4月21日这一天，苏宁为救战友身负重伤，躺在了医院，再无法和课题组的同志们继续试验了……

6月13日，课题组冒雨又进行了一次试验，取得了进一步的成果。那隆隆的炮声恰似在告慰苏宁不朽的英灵。

课题组已决定，这项研究成果，以苏宁的名字来命名。

苏宁，一位普通的炮兵军官，他的生命将随着炮兵部队的飞速发展而永生。

⊙ 忘年之交

★★★★★

灯下，哈尔滨科技大学社会科学部的哲学副教授曾杰正在引经据典，草拟一篇关于执政党建设的论文。

门开了，走进两位军人，其中的一位是曾杰教授的儿子，炮兵团连长曾继龙，另一位是个30多岁的漂亮军官，他还不曾见过。"爸爸，这是我们营长苏宁。""你好！教授。"苏宁向曾杰恭恭敬敬地敬礼，"我来打扰你，想请教几个问题。"

儿子的营长来了，曾教授很高兴，又是敬烟又是泡茶。至于请教几个问题，他没往心里去。因为以往曾继龙也往家里领过一些军官，顶多聊聊家常而已。苏宁所说的"请教"，无非是客套话吧。

"教授，恕我冒昧，现在，群众对党内的腐败现象非常有意见。您说，为啥会产生这类现象呢?总这样下去我们的党不就被和平演变了吗?"苏宁开门见山提出了自己的问题。

曾教授为之一震,苏宁提出的问题正是他在研讨的问题,真是不谋而合,他对眼前的这位少校军官不得不刮目相看了。

"共产党内为啥会产生腐败现象呢?"曾教授深思着说,"毛泽东主席早在全国解放的前夕就曾告诫全党:因为胜利,党内骄傲情绪,以功臣自居的情绪,停顿起来不求进步的情绪,贪图享乐不愿再过艰苦生活的情绪,可能生长。因为胜利,人民感谢我们,资产阶级也会出来捧场。资产阶级的捧场则可能征服我们队伍中的意志薄弱者。可能有这样一些共产党人,他们是不曾被拿枪的敌人征服过的,他们在这些敌人面前不愧英雄的称号,但是经不起人们用糖衣裹着的炮弹的攻击,他们在糖弹面前要打败仗。我以为毛主席说的非常精辟,简言之,由于执政党地位的变化,使一些党员经不起权力的考验,而产生腐败现象。"

苏宁点头赞同:"您说得很有道理,战争年代就没有这个问题。听我爸爸和岳父讲,那时我们党处于被压迫、被屠杀、被围剿的地位,环境十分艰苦,斗争异常激烈,不存在搞特权、谋私利、享乐腐化的条件。那么,曾老,要克服这种现象,是不是应该从加强党的自身建设入手呢?从哲学上讲,外因是变化的条件,内因才是变化的根据。"

"你说得对,共产党内的腐败现象要靠共产党自身来解决,有人企图用西方的民主方式或者中国的群众运动来解决,都不行。我以为必须加强党的自身建设,第一,开展积极的思想斗争;第二,倡导、树立优良的党风;第三,及时进行党内反腐败的斗争;第四,搞好党内监督。同时，也要接受党外的监督。"

曾杰停顿下来，点燃一支烟。苏宁接过来说："所以，我认为培养接班人的问题非常重要，这关系到共产主义事业千秋万代后继有人的问题。我所担心的是，现在对接班人问题叫得不响了，一些人只是往'钱'看。"

"说得好！"曾杰兴奋地站了起来，做着手势，"培养革命事业接班人，这个思想永远是对的。这符合内因与外因的辩证关系，只要党内有合格的人接班，无论刮什么风浪，都改变不了我们党的性质。"

"是的，外国的一些人总是企图中国的'民主斗士'从内部搞和平演变，实现其'和平取胜'，把希望寄托在中国党的第三代、第四代身上，我们一定要使他们的阴谋破产。"

和苏宁谈话，曾杰很兴奋，他还从来没遇到在哲学上有这么深造诣的军人，他们之间的谈话已不是学生和老师之间的问答，而是两个朋友之间的探讨、交流、相互启发。他们越谈越深入，时光在不知不觉中悄悄流淌。

当曾教授列举地方存在的一些不正之风时，苏宁说："部队也同样存在不正之风，如：走后门当兵、入党，官僚主义，办事请客送礼。"说到这儿，苏宁问曾继龙："你是连长，你收过礼没有？"

曾继龙整个晚上只当听客，插不上话，见苏宁问，他笑着说："大的礼物我不敢收，有时战士送给我一盒烟，我就抽。"

苏宁挺认真地说："这也不好，应该防微杜渐。"

苏宁看看表，太晚了，只得起身告辞。曾教授谈锋正健，舍不得苏宁走，一再叮咛："下个星期天，你再来，咱们接着谈。"

果然，苏宁经常到曾杰家来，两人成了忘年交。后来，曾杰在给企业管理人员讲课，谈到领导者必须具备的文化素质和心理素质时，常举苏宁作为例子，说他是有实践经验、有理论水平、有文化、有理想的合格领导者。

➔ 中国的月亮也圆

★★★★★

哈尔滨飞机场。飞机的引擎发出巨大的轰鸣，一架架空中客车起起落落，把来自五湖四海的旅客揽入怀抱，也把奔向大洋彼岸的游子送上高空。

候机室里，苏宁和武厌华来为一位出国留学的朋友送行。

这位朋友姓刘，是苏宁的战友，很早以前就复员了。他曾念过吉林大学，学的是考古专业，马上就要乘飞机去德国。在这之前，他和妻子离婚了。他将来能否回国，连他自己都不敢保证。

候机大厅里人很多，无论是出游者还是送行者，绝无在火车站向亲人告别的那种凄凄惨惨，没有眼泪，只有欢笑。有的人把出国护照拿在手上炫耀着，仿佛一旦出国，身价就高了。那种目空一切，以"假洋鬼子"自居的表情令人作呕。

中国就那么不值得留恋吗？

不！在苏宁的心目中，祖国和母亲是同一名词，他爱祖国，就同爱妈妈一样。他所做的一切，都是为了祖国的繁荣和昌盛。他常说："中国的月亮也圆。作为中国人，要爱自己的祖国，爱国才能立国，立国需要保国。军人就是祖国的保卫者，这是神圣的使命。"

然而，肩负起这个使命是不容易的，会遇到各种各样的干扰。

现在，要出国的这位朋友正在劝苏宁："这年头都去挣大钱啦，别鼓捣你那些玩意了，在部队没啥发展，靠你老父亲的关系赶快转业到地方吧，凭你那聪明和拼命的劲头，到地方肯定能混出个样儿来！"

苏宁笑笑，他没有正面反驳这位朋友，他是要出国的人了，让他带着友情走吧，或许这会成为他时时想起祖国的一条纽带。可是，在心里苏宁却说："人各有志，军队才是我的位置。"

朋友登上了飞机的舷梯，他回过身望了望冰封的大地，也许他的心头掠过一丝眷恋的情愫。

飞机升空了，苏宁向着远去的飞机招手，他俩祝愿朋友在国外一切顺利，也希望他不要忘记松花江畔的这座城市。

回家的路上，苏宁默默无语。

武庆华悄声问："你在想什么？"

"我在想……我的未来。"

武庆华挽起苏宁的手说："你也不能在部队待一辈子，趁年轻到地方找一个好位置，也好管管这个家。"

苏宁握紧了妻子的手，缓缓地说："三百六十行，唯有军人是用鲜血和生命为祖国服务的，我喜欢这一行。个人生活安逸，那是一个小家庭的事，可我所从事的职业关系到国家的安危。一个人有生之年不为国家、军队做点事，那还有什么意思？"

武庆华不再说什么，她了解苏宁，他内心的刚强同外表的文静是完全成反比的。男人有男人的追求，随他便吧。

苏宁正是靠着对祖国和人民的拳拳之心，在单调枯燥的军营里默默耕耘了22年，他身在基层指挥员的岗位上，眼睛却盯着2000年的战场。

祖国把剑与盾交给了我们这一代军人，如何保卫好祖国，这是时刻萦绕在苏宁头脑中的一个问题。他怀着危机感和紧迫感紧盯着每一场战争，盯着未来战争的发展。战友们都说："苏宁的那颗心已经铆在军队啦！"

是的，苏宁多次告慰父母："请放心，祖国一旦有战事，儿子绝不给你们丢脸！"

这种决心，源于苏宁对祖国的热爱和忠诚。他常对人讲："儿女不嫌父母丑。"他逢人便讲社会主义好，在通勤的大客车上，在政治理论教学中，就连去工厂为一名排长联系住房的饭桌上，他也大讲

社会主义的优越性。在他看来，中国的月亮和
外国的一样圆。

→ 扑向炸点

★★★★★

1991 年 4 月 21 日早晨 8 点多钟，参谋长苏
宁来到了本团的靶场。今天，要在这里进行几
个炮兵连队的手榴弹实投考核。

他是第一个来到靶场的，把投掷场又勘察
了一遍。连队还没有来，他站在靶场的制高点
上，放眼望去。不远处，是北方冰城哈尔滨的
主城区，巍峨的高层建筑错落有致，尽收眼底；
看不见松花江的波峰浪谷，却能感觉到江水的
汹涌和它发出的沉重浑厚的喘息。谷雨刚过去
一天，离立夏还有 15 天。这个季节，在南方早
已是百花盛开，姹紫嫣红，临近春尾了。可是，
在祖国的北方，春姑娘却姗姗来迟，它含着微笑，
跨过长江，越过黄河，所到之处，冰雪融化了，
树木抽芽了，鲜花含苞了，冬眠的动物睁开惺

松的睡眼醒过来了。它走过的道路马上变成了一条五彩的路，鹅黄嫩绿，姹紫嫣红，叶儿花儿都充满了勃勃生机。它像一个温柔快乐的小天使，抖动那多彩的衣裙，欣喜地告诉人们："春天来了! 春天到了! "

靶场坐落在炮兵团营房外面的西北角，这里是一片开阔地，沐浴着灿烂的春光，嫩草青青，叫不出名字的红、黄、蓝、紫色小花，点缀在绿茵上，像是一块硕大无朋的绿色绣花地毯。柞树已经泛绿，柳枝在微风中婆娑起舞。蔚蓝的天色，堆锦的白云，远山在薄雾中若隐若现。阳光明媚，蝶舞蜂喧。这一切组成了一幅色彩鲜明的图画，好一派北国风光!

苏宁深情地吮吸着泛着春的气息的新鲜空气，感到神清气爽，心旷神怡。

　　走向打靶场，

　　高唱打靶歌儿，

　　豪情壮志震山河……

部队排着整齐的队伍，高声唱着歌儿走进了靶场。这些年轻的干部战士，一个个朝气蓬勃，青春焕发。

作为炮兵，每年难得有一次手榴弹实弹投掷考核，他们渴望在手榴弹爆炸的轰响和硝烟中去体验与炮弹发射出去的不同感觉，享受只有军人才能享受到的那种乐趣和满足。

激情在他们心中奔涌，摩拳擦掌、跃跃欲试的神态不愧为铁血男儿。

投弹即将开始。

苏宁像往常一样，站在队列前向大家讲解实弹投掷的要领和注

△ 沈阳军区苏宁生前所在团"战神"怒吼首发命中

意安全等事项，特别强调了靶场纪律，不得轻率马虎，不得嬉戏，按着平时模拟投掷的方法，认真进行。

苏宁拿起一枚手榴弹，给大家作示范。他拉断引线，准确地掷向前方。"轰"的一声，手榴弹爆炸了。

不用丈量，苏宁投掷的距离肯定在教范规定之内。

战士们用敬佩的目光看着苏宁，想不到这位看上去的"白面书生"，军事方面相当过硬。

"就按照我这样投!"苏宁说完，命令部队开投。按照从后到前的序列，一个连队一个连队地展开。

"轰!"一个战士抛出的手榴弹在前方开了花

儿，这位战士满意地笑了，心想："我炮兵投手榴弹，也不是吃醋的。小儿科！"

"轰！"又一个战士投出了手榴弹，爆炸的弹片和硝烟升腾着、弥漫着。这个战士得意地笑了，心想："你手榴弹再有威力，也不过轰炸五六十米之内的敌人。战场上还是得看我们炮兵，几十公里以外的目标，我照打不误！"

"轰！轰！轰！"一枚接一枚的手榴弹被战士们掷出，准确无误，秩序井然。

十三连投完了，成绩不错。

苏宁望着退向一边列队的十三连，嘴角浮起满意的微笑，心想："好样的！虽说大炮不能上刺刀，但在未来的战场上，在某种特殊的情况下，炮兵会投掷手榴弹，肯定是有百利而无一害的。"

轮到十二连投掷了。

苏宁没有再做示范投掷，只是站在一边密切地关注着。

十二连的投掷有条不紊地进行着，那接连不断的爆炸声仿佛是对这些炮兵的嘉奖声。

突然，意外的情况发生了：轮到十二连连长修柏岩投弹时，他由于用力过猛，手榴弹撞在了堑壕的后沿，滑落到站在他身旁执行监护任务的十三连连长李印权的脚下。

手榴弹"嗞嗞"地冒着烟，将在3.5秒内爆炸。

情况万分紧急。

可一直往前方观察的李印权竟然没有感觉到冒烟的手榴弹已经落在了自己的脚下。

修柏岩此时吓傻眼了，惊慌失措地喊着："手榴弹呢？我的手榴弹呢？"

手榴弹就在两位连长的脚下，马上就要爆炸。

死神张牙舞爪地逼近，一场惨不忍睹的悲剧即将发生。

在场的官兵都震惊了，谁也没料到会有这种情况发生，目瞪口呆，无所措手足。

就在这千钧一发的危急关头，苏宁冲着两位连长大吼一声："快卧倒！"

说时迟，那时快，苏宁一个箭步从一米以外冲了过来，以迅雷不及掩耳之势，推开李印权，拉过修柏岩，双手抓起冒烟的手榴弹，就在手榴弹出手的瞬间，爆炸了。

一声巨响，气浪把苏宁掀出了一米多远。

两位连长得救了。

苏宁却血肉模糊地倒在了掩体里……

9时许，一辆解放牌大卡车鸣着急促的喇叭，像个喝多了酒的醉汉，摇摇晃晃地驶进了驻哈某师医院，在主楼前的门口停下。一个战士连滚带爬地下了汽车，跌跌撞撞地冲进大楼，带着哭腔在大厅里喊："医生，快救人啊！我们参谋长被手榴弹炸伤了。快救人啊……"

喊声就是命令！医护人员迅即跑出大楼。同车拉来的修柏岩被炸掉了两根脚趾，李印权的头部仅仅划破了一块皮。他俩是轻伤，属于"后送"的对象，当即被送往驻军医院 211 医院住院治疗。

苏宁神志不清，浑身上下像个血葫芦似的。人们七手八脚地把苏宁直接抬进了手术室。

苏宁的伤势相当严重。

苏宁的生命危在旦夕……

⊖ 不死的心

★★★★★

手术室里静极了。

无影灯下，苏宁平静地躺在手术台上，军衣和台布被鲜血染得殷红殷红。

4月21日，那枚手榴弹爆炸之后，战友们用最快的速度把苏宁送到师医院，经专家们会诊，诊查为：重度颅脑开放性爆震伤，脑干损伤，创伤性休克，双手离断伤。其中，最要命的是颅脑爆震伤和脑干损伤。通俗一点说，他的脑子已经被震烂了，脑细胞完全死亡。

然而，苏宁的心脏还在跳动。九天八夜了，心脏一直在顽强地搏动。

△ 以苏宁为原型的电影《炮兵少校》海报

　　一般说来，手榴弹在那么近处爆炸，大都当场毙命。苏宁在脑细胞死亡的前提下，心脏还在跳动，跳了九天八夜，这又是一个奇迹。

　　那是一颗不死的心。

　　也许，苏宁放心不下与之朝夕相处的战友们吧？

　　战友们都来了，他们闻讯后是发疯般跑来的，彻夜等候在医院的门口，要求献血。他们用津贴费买来各种各样的食品，坚持给苏宁。一位战士死死缠住医生："求求你，救活参谋长吧，只要救活他，要我的什么器官都行。"

或者，苏宁放心不下他所挚爱着的人民群众吧？

群众得知苏宁负伤的消息后，纷纷朝医院跑来了。有营区附近的农民、工厂的工人、大学生、教授、少年军校的学生，还有交通警察、汽车上的售票员……

要么，就是苏宁放心不下他的亲人吧？

亲人们都在他的身边，爸爸和妈妈，岳父和岳母，这四位都是军人出身的老人为苏宁的壮举而自豪，尽管他们都泪流满面。

妻子武庆华无法相信头部被纱布紧裹着的这张面容就是自己亲爱的丈夫，她颤抖着去抚摸苏宁的手，那是一双浸透着鲜血的圆纱布团，她悲凄地呼喊着："宁宁，你的手呢？手呢?!"

苏宁的手在战士王刚的手中捧着，他哭着央求医生："医生，求求你了，把参谋长的手接上吧，他不能没有手啊！"

苏宁的哥哥每天每夜厮守在弟弟的身边，俯在苏宁的耳边讲海湾战争，讲孩提时学雷锋做好事和挖野菜的往事。他一会儿轻轻地将自己的耳朵贴在弟弟的胸部，静静地听那颗心脏跳动，泣不成声地说："宁宁的心脏还在跳动，体温还有，就该活呀！"

当抢救到第四天的时候，苏宁的大腿肌肉有震颤，腹壁有微弱的反射。这给大家带来了希望，盼望着奇迹再次出现。然而，人们又失望了，这种现象是不受大脑控制，受脊髓控制的低级功能，同服用了大量的强兴奋药有关。

那么，这颗心到底牵挂着什么呢？

噢，对了，这颗顽强跳动的心是想要启动他的大脑和神经。他还惦记着总参炮兵部的同志正急切地期待着他从海湾战争的启示中，写出更有价值的论文，他还惦记着部队的首长正企盼着他把有关炮兵装备和野战训练方面的改进方案尽快拿出来；他惦记着炮兵团的战友正等待他下达新的训练指令；他惦记着两鬓斑白的双亲还要向他讲我党我军的光荣传统；他还惦记着爱妻娇子盼他回去过一个团圆年……抑或苏宁事业上的抱负和追求太多。不错，这个世界需要苏宁去做的事情太多了，我们的军队，我们的人民，给了我们的英雄苏宁以极深厚的爱和极大的厚望。如果说，以往事业和生活给予和要求苏宁的东西，曾经驱动这颗

△ 总政设计制作的向苏宁学习的宣传画

心脏超常地跳动，那么，今天这颗心脏就该以它惊人的力量战胜这次创伤。

然而，苏宁太累了，他像一头牛，吃的是草，挤出的是奶，鞠躬尽瘁，应该休息，长长地休息。

1991年4月29日18时8分，距离手榴弹爆炸九天八夜，苏宁的心脏停止了跳动。

武庆华的泪水簌簌落下，捧起苏宁的头颅，深深地吻了他的嘴唇，她无法相信这就是诀别。

团政委王焕来轻轻地走到苏宁的身旁，把自己身上的钢笔摘下，插在苏宁的胸前。作为老战友，这是他送给苏宁的最后礼物。

战友们小心翼翼地把一副中校军衔给苏宁戴上，泪水打湿了这金光灿灿的肩章。

鲜红的中国共产党党旗拥抱着她忠诚的儿子。苏宁静卧在鲜花翠柏之中。苏宁睡着了。他永远地睡着了……

后 记

苏宁是不眠之夜的长明灯，是闪亮在天际的启明星

1993 年 2 月 19 日，中华人民共和国中央军事委员会授予苏宁"献身国防现代化的模范干部"荣誉称号。江泽民等党和国家领导人为之题词，号召全党全军向他学习。

三年后的 1996 年"八一"前夕，苏宁同志的画像，同张思德、董存瑞、黄继光、邱少云、雷锋等英模的画像一起，由总政治部印发全军，供连以上单位悬挂、张贴。

今天，当我们面对苏宁画像的时候，应该深深感到肩上的担子沉甸甸的。我们应该像苏宁那样，以爱军精武的满腔热情，孜孜不倦地苦练军事技术，如饥似渴地钻研科学文化知识尤其是高科技知识，在积极推进部队信息化建设和改革中建功立业、创造辉煌。

追寻苏宁的足迹，处处能听到这位炮兵少校因忧患而早起赶路的脚步声，时时能感到这位年轻军人因忧患而凝神远望的目光。

以忧患为火把，可以照亮前进的路。苏宁的忧患，在投身中国特色军事变革和军事斗争准备的当代中国军人手中接力。

手榴弹爆炸的火光和硝烟瞬间就消失了。然而，苏宁的名字却在火光与硝烟中得到了升华。

苏宁没有走，他永远活在我们的心中。

苏宁是不眠之夜的长明灯，是闪亮在天际的启明星。

/100位

新中国成立以来感动中国人物/

丁晓兵　马万水　马永顺　马恒昌　马海德　中国女排五连冠群体

孔祥瑞　　孔繁森　　文花枝　　方永刚　　方红霄　　毛岸英

王　杰　　王　选　　王　瑛　　王乐义　　王有德　　王启民

王进喜　　王顺友　　邓平寿　　邓建军　　邓稼先　　丛　飞

包起帆　　史光柱　　史来贺　　叶　欣　　甘远志　　申纪兰

白芳礼　　任长霞　　刘文学　　刘英俊　　华罗庚　　向秀丽

廷·巴特尔　许振超　　达吾提·阿西木　邢燕子　　吴大观

吴仁宝　　吴天祥　　吴金印　　吴登云　　宋鱼水　　张　华

张云泉　　张秉贵　　张海迪　　时传祥　　李四光　　李春燕

李桂林和陆建芬夫妇　李素芝　　李梦桃　　李登海　　杨利伟

杨怀远　　杨根思　　苏　宁　　谷文昌　　邰丽华　　邱少云

邱光华　　邱娥国　　陈景润　　麦贤得　　孟　泰　　孟二冬

林　浩　　林巧稚　　林秀贞　　欧阳海　　罗映珍　　罗健夫

罗盛教　　草原英雄小姐妹　赵梦桃　　钟南山　　唐山十三农民

容国团　　徐　虎　　秦文贵　　袁隆平　　钱学森　　常香玉

黄继光　　彭加木　　焦裕禄　　蒋筑英　　谢延信　　韩素云

窦铁成　　赖　宁　　雷　锋　　谭　彦　　谭千秋　　谭竹青

樊锦诗

图书在版编目（CIP）数据

苏宁 / 王嘉翔著. -- 长春：吉林文史出版社，
2012.7（2024.5重印）
（100位新中国成立以来感动中国人物）
ISBN 978-7-5472-1119-9

Ⅰ. ①苏… Ⅱ. ①王… Ⅲ. ①苏宁（1953～1991）—
生平事迹—青年读物②苏宁（1953～1991）—生平事迹—
少年读物 Ⅳ. ①K825.2-49

中国版本图书馆CIP数据核字(2012)第168218号

苏 宁

SUNING

著/ 王嘉翔

选题策划/ 王尔立　责任编辑/ 王尔立　李洁华　马华　任玉茗
装帧设计/ 韩璘
出版发行/ 吉林文史出版社
地址/ 长春市福祉大路5788号　邮编/ 130118
电话/ 0431-81629363　传真/ 0431-86037589
印刷/ 天津海德伟业印务有限公司
版次/ 2012年8月第1版 2024年5月第5次印刷
开本/ 640mm×920mm　1/16
印张/ 9　字数/ 100千
书号/ ISBN 978-7-5472-1119-9
定价/ 29.80元